EL PROCESO ES EL FIN

JULIO CÉSAR GALÁN

EL PROCESO ES EL FIN

Sobre la Poesía Especular

GRANADA, 2025

COMARES LITERATURA

La presente publicación ha sido posible gracias a la financiación
concedida por la Consejería de Educación, Ciencia y Formación
Profesional de la Junta de Extremadura y ha sido cofinanciado al 85% por
la Unión Europea, Fondo Europeo de Desarrollo Regional, y la Junta de
Extremadura. Autoridad de Gestión. Ministerio de Hacienda al grupo de
investigación Educación, Cultura y Territorio (SEJ036) coordinado por
José Soto Vázquez a través del número de expediente GR24037.

Diseño de cubierta y maquetación:
María García Asensio

© Editorial Comares, 2025
Polígono Juncaril
C/ Baza, parcela 208
18220 • Albolote (Granada)
Tlf.: 958 465 382
http://www.editorialcomares.com • E-mail: libreriacomares@comares.com
https://www.facebook.com/Comares • https://twitter.com/comareseditor

ISBN: 979-13-7033-003-3 • Depósito Legal: Gr. 1431/2025

Impresión y encuadernación: COMARES

Sumario

Nota de autor

Antes de entrar en este libro tenemos que aludir a —aunque sea brevemente— algunas cuestiones iniciales para no llevarnos una impresión equivocada. En este sentido, tenemos que exponer que el corpus de poetas y textos que se comentará van principalmente desde los autores de *Logofagias. Los trazos del silencio,* ya sean clásicos como Leopoldo María Panero hasta autores menos conocidos como Eduardo Haro Ibars, entre otros; pasando por las selecciones poéticas de *Limados* y *Desobediencia.* Habría que añadir una selección de obras y textos que se encuadran dentro de los antecedentes de la Poesía Especular como Chantal Maillard, Francisco Pino o Héctor Viel Temperley. Así como un pequeño repaso genealógico del experimentalismo y las vanguardias. Obviamente no citamos todo ni a todos y se escogen como antecedentes del tema central: la Poesía Especular. No se ha hecho una distribución de los mismos de un modo cronológico o temático, sino tomándolos como precedentes para apuntalar la estética especular. Hay que decir en cuestiones metodológicas que no hay errores en la teoría literaria que se aplica, sino que nosotros las hemos adaptado y reformulado desde la bibliografía usada y para con nuestro eje central. Por eso, no se desarrollan teorías sacadas de contexto sino ajustadas a lo que queremos exponer y aclarar. De ahí que el desarrollo de nuestra propuesta investigadora también busque —en su progresión— ese carácter poco lineal. De ahí también que sea toda una declaración creativa y que haya alguna pirueta vilamatiana junto

con lo académico. Eso sí, sabemos que todo ello puede ser
susceptible considerarse extraño; aunque nosotros pensamos
que está acorde con los tiempos actuales y que es un modo de
compartir nuestras experiencias, tanto investigadoras como
creativas.

El libro se articula en cuatro partes: «Una concepción de
la Poesía Especular», «Clases especulares», «Hacia una lírica
especular» e «Indocilidades y otros desacatos» que justifican
una distribución de contenidos desde la definición con una
referencia inicial al contexto, el inicio de la Poesía Especular y
algunos antecedentes cercanos; la clasificación de las distintas
clases especulares; un tercer apartado que retoma la tradición
y su actualización a partir de la veta lírica analizada; y finali-
zamos con algunas cuestiones sociológicas. Las razones para
analizar y argumentar la identidad de esa corriente poética
residen en que resulta un nuevo espacio de la poesía contemporánea española existente; y, por tanto, como fenómeno cultural que nació y circula, reclama atención filológica, teórica
y científica. Creemos que esto puede ser un buen punto de
partida. Por esta razón, retomamos, comentamos y continua-
mos diversas referencias exegéticas y creativas; y las tenemos
en cuenta en diversos momentos para abordar el pensamiento de poetas o poemas que han venido después. Asimismo,
dejamos claro que somos practicantes de esta veta lírica, con
lo cual se explica mejor que necesitemos, digamos según esto,
dejar también por escrito una «poética» de estos asuntos, una
explicación de nuestras propias decisiones literarias, críticas
e interpretativas, que acompañan o envuelven la lectura de
otros compañeros y compañeras de estética, o de autores y
autoras que de uno u otro modo han «jugado» con esas des-
viaciones de las normas poéticas y formales usuales.

Una concepción de la Poesía Especular

La hora de la metamorfosis

Tenemos que dejar claro, para empezar, el origen de la Poesía Especular. Así que desde un primer momento debemos decir que aquella recopilación de autores de *Limados. La ruptura textual en la última poesía española* (De la Torre, 2016) no era una antología, sino una muestra de poesía. Este es el punto de partida colectivo de esta veta lírica, sobre todo, desde una perspectiva teórica. Es obvio que ambos conceptos, el de antología y el de muestra, comparten criterios selectivos comunes, pero ¿qué diferencia hay entre una y otra? La primera responde a un intento de establecer paradigmas canónicos, he aquí algunos ejemplos: *La generación de los 80* de José Luis García Martín (1988) o *Las ínsulas extrañas* de José Ángel Valente, Andrés Sánchez Robayna, Eduardo Milán y Blanca Varela (2002) o más atrás *El grupo poético de los años 50* de Juan García Hortelano (1978) o *Nueve novísimos* de Josep Maria Castellet (2018); o responde a un acercamiento de un momento poético: *El hacha y la inteligencia* de Luis Antonio de Villena (2010), con la apreciación del subtítulo de *Un panorama de la Generación del 2000*; a una tendencia de un periodo literario: *La poesía de la experiencia* de Araceli Iravedra (2007); temáticas: *Un balón envenenado* de Luis García Montero y Jesús García Sánchez (2012) o *Antología de poetas suicidas (1770-1989)* de José Luis Gallero (2005); o incluso para enmendar errores, olvidos o desconsideraciones: *El 50 del 50 (seis poetas*

de la generación del medio siglo) de Vicente Gallego (2006). Cada
una con sus filias y sus fobias, con sus aciertos y sus lastres, con
sus consideraciones y olvidos.

La mayoría de las antologías responden a las características del establecimiento del campo literario de Pierre Bourdieu
más derivados[1]: en resumen y de manera concreta, tenemos las
relaciones personales entre los artistas y de estos con las editoriales y los críticos, así como sus lazos con los gustos lectores del momento. Todo dirigido hacia a una toma de posición
y de posesión: premios, editoriales, recitales, etc. Por eso, en
las selecciones antológicas se prima la unión amical, las fechas
de nacimiento que deambulan entre la década o la quincena
anual, una determinada conciencia social y de grupo poético,
además de colaboraciones en las mismas revistas; es decir, que
muchos de estos rasgos conviven con el marco de generación
poética. En el caso español, el siglo XX se podría denominar
el Siglo de las Generaciones: del veintisiete, del treinta y seis,
del cincuenta, del setenta, del ochenta, del dos mil, etc. Hecho
que indica una depreciación del concepto, un uso interesado
y una pobreza crítica, aspectos que pueden relacionarse con
la actual edad de entre crisis (la económica que fue de 2009
a 2012 y la pandémica, de 2019 a 2021), pero aún más, con la
corrupción ética y moral. La concepción de muestra responde
a todo lo contrario: las nulas o escasas relaciones amistosas entre sus autores, la disparidad en las edades de nacimiento, la
inconsciencia de formar un grupo o generación poética y todo
lo que conlleva esos círculos con las maneras de la mafia (des-
critas con excelencia en sus poemas por José María Fonollosa)
o la coincidencia en las mismas publicaciones. Así que hay que
dejar claro, desde el inicio, que la Poesía Especular nació como
algo intergeneracional, anticentralista pues resulta periférico e
hispanoamericano, ya que acoge ambas orillas y es una pulsión
que se da en lengua española.

---

[1] BOURDIEU, Pierre, *Las reglas del arte. génesis y estructura del campo literario,* Barcelona, Anagrama, 2006.

Hay que dejar claro que *Limados* no debía tomarse en su momento ni ahora por una antología temática. No es una antología por las razones apuntadas anteriormente y no es temática porque no se incluye dentro de sus márgenes cuestiones muy específicas: pongamos por caso, la *Antología temática de la poesía lírica griega, Palabra de rock* o *Vendrá la muerte y tendrá tus ojos*. Aunque el subtítulo de la selección se refiere a la concepción de la ruptura textual, esta acepción, que explicaremos en profundidad más adelante, se refiere principalmente a un par cuestiones: en primer lugar, que «El proceso es el fin» (la poesía como reflejo de un acto de construcción progresivo); y, en segundo lugar, la idea de que el poema es aprendizaje por descubrimiento o por accidente, aspecto que también hay que mostrar. Estos dos ejes centrales expresan la siguiente igualdad: crear es interpretar y viceversa. Igualmente tenemos unas consecuencias, es decir, además de la necesidad de dar cuenta de la poesía como transcurso y transformación incesantes, se pretende sacar el antes, el durante y el después del poema, más las identidades que lleva dentro.

Si en su momento, *Limados* no era una muestra que intentase armar una tendencia o movimiento literario, ya que las primeras etiquetas suponen una defensa de unas propuestas poéticas muy codificadas: poesía social, figurativa, de la diferencia…y los autores no sacaron ningún manifiesto u escrito similar, más adelante y como germen ha dibujado una corriente poética, la de Poesía Especular. Esta terminología es más apropiada, por su carácter progresivo, dinámico, significativo y cohesivo, a diferencia de la epigonalidad, aspecto que determina en gran medida los últimos veinticinco años de poesía española, cuyo marco perfila la pereza creativa y la repetición de fórmulas poéticas, proliferando toda clase de estereotipos. Y pongo esa fecha porque desde entonces el empobrecimiento sistemático de tendencias anteriores, con sus mezclas, sus rupturas interiores, junto con la aplicada degradación de algunos clásicos contemporáneos o las inanidades de los poetas a la moda resultan una cuestión obvia; y lo peor es que el continuismo en los de antes, en los del medio y en los más jóvenes es atroz. Estos hechos se han tratado de solventar inútilmente apelando a mezcolanzas y más mezcolanzas, a pactos y más pactos (tácitos y de poder) que han aportado, en la mayoría de los casos, soluciones descafeinadas y sosas.

Todas estas palabras, generación, antología, tendencia, grupo o epígonos, no sirven para calificar la poesía de autores limados y han perdido su significación por su uso indiscriminado y hueco; igual que otras como experimentalismo[2], metapoesía, vanguardismo, etc. Esas etiquetas estaban muy bien para un determinado periodo literario, pero utilizarlas como moneda de cambio en cualquier ámbito responde a una inercia crítica anticuada.

Con ello no quiero decir que esos limados no tengan referentes y antecedentes poéticos (e incluso filosóficos, intelectuales y teóricos) al igual que la posterior Poesía Especular. Tanto unos como otros proceden de otros caminos convergentes, exponen recursos simbólicos, retóricos y métricos que ya habían aparecido anteriormente y reflejan una imaginería que enlaza con movimientos y tendencias pasadas. Entonces, ¿qué aportan, qué dicen nuevo?... Antes de entrar en ese tema, pasemos a delimitar la cuestión de la ruptura textual.

Visto con perspectiva de casi diez años, la mayoría de los poetas seleccionados en *Limados* se amoldaban poco a ese «El proceso es el fin», por no decir que casi ninguno mostraba la genética textual. Por eso, es el momento de acotar campos, definir ideas latentes en aquel entonces y exponer propuestas

---

[2]   Es esencial dilucidar una cuestión en torno al experimentalismo. Para empezar y en general, podemos decir que la crítica española ha realizado un uso difuso, caótico y erróneo de esta denominación estética y se ha limitado a utilizarla como cajón de sastre para todos aquellos poetas raros, marginales, extravagantes, extraños, etc, o para manejar a su antojo y con propósitos excluyentes cierta poesía de tintes o lindes vanguardistas. El experimentalismo, en poesía, posee unas coordenadas muy determinadas que no voy a recordar, pues para eso están algunos manuales literarios y los propios poemarios. Por eso, hay que dejar claro que los *limados* ni la Poesía Especular están dentro de lo experimental.

perfiladas. Es decir, que ahora podemos señalar que aquello fue más una manera de poner en claro nuestras intuiciones y las maneras que habíamos concretado en *Inclinación al envés* (2014) con la compañía de cuatro poetas que sí estaban en la onda, Juan Andrés García Román con *El fósforo astillado* (2008), Mario Martín Gijón en *Redicción* (2013) y María Salgado con *ready* (2012). A estos tres poetas tendríamos que añadir a Lola Nieto para cerrar el círculo, quien fue una de la seleccionadas para *Desobediencia*[3] (De la Torre y Núñez, 2020). Y esto lo decimos con conocimiento de causa. Seamos breves, pero directos, poetas como Ángel Cerviño, nos encantan, ha traído aire nuevo, no solo para las nuevas generaciones, sino para la suya, tan fosilizada en redichos y refritos. Ocurre algo diferente con Alejandro Céspedes, quien con *Topología de una página en blanco* (2012) se embarcó en proyecto transgresor, muy poco que ver con lo que había hecho anteriormente; sin embargo, desde ese libro, este poeta ha vuelto a sus antecedentes a modo de regreso íntimo. Más cercanos generacionalmente, Enrique Cabezón y Yaiza Martínez, les ha pasado lo mismo que a Alejandro Céspedes, después de dos libros, *Desdecir* (2013) y *Caoscopia* (2012) en la línea de lo que se dice en el prólogo y epílogos de *Limados. La ruptura textual en la última poesía española,* se ha difuminado esa veta procesual y ya muy alejada de lo que se ha propuesto con la Poesía Especular. El primero con un regreso a cierta poesía reflexiva, ahí tenemos su último libro, *28.48 minutos de lectura* (2022). La segunda con una vuelta (aunque siempre había estado en esa línea) a cierta poesía minimalista, en la órbita de poetas como Olvido García Valdés. En el caso de María Salgado podemos decir que aún señala en sus poemas y libros posteriores ese aire de apunte, de anotación. Así que, en la mayoría de limados, la narración procesual de la escritura no se ha dilatado en el tiempo, con lo cual hay que ir ajustando.

---

[3]   DE LA TORRE, ÓSCAR y NÚÑEZ, Marco Antonio, *Desobediencia,* Madrid, El sastre de Apollinaire, 2020.

EL ARTE DE ROMPER EL PAPEL

Desde un punto de vista genérico, en parte de la poesía de Juan Andrés García Román, Mario Martín Gijón, María Salgado, Lola Nieto y de un servidor (disculpen el atrevimiento de la automención, pero parte de este estudio va a ser una reflexión sobre el hecho poético propio y en algunas ocasiones ajeno; es decir, que esa directriz académica del sujeto investigador no puede ser el sujeto investigado, la tendremos en cuenta, pero de vez en cuando vamos a dejarla a un lado. La razón la hemos comentado ya en la «Nota del autor») se produce una visión del texto poético unida a la noción de proceso y de metamorfosis (lo que afecta a los papeles identitarios del autor y del lector), generando un espacio múltiple e interactivo, heterogéneo y proteico, dinámico y circular (hecho a su vez de polifonías). Si a ello se une la ruptura de una serie de convenciones intratextuales y paratextuales que señalan los límites entre el «adentro» y el «afuera»; además del modo en que se ha de realizar la lectura ya que en todos los autores de esta muestra el poema deja de ser un espacio definido. Al contrario: mediante distintos procedimientos, la lectura se bifurca y se disemina; el texto deja de ser algo meramente lineal y se vuelve objeto doble o simultáneo, progresivo y retroactivo —incluso aleatorio. La diseminación de ese texto antes rectilíneo en una pluralidad de sentido da lugar a transformaciones que el lector tiene que reconfigurar e interpretar, participando activamente con su lectura en la creación del poema. De ahí la conversión y la recreación por medio de la instancia lectora, pues el poema en cuanto a texto y estructura no pretende ser sino un mero boceto, «una partitura», un punto de partida que se abre deliberadamente a estrategias unidas a la polisemia y a la obra abierta. Se hace una llamada interpretativa y estética al receptor, y en tal sentido, la creación poética (al igual que su lectura) se convierte en una traducción de lo inacabado. Estas cuestiones se pueden observar, de manera exuberante y en nuestro caso, en obras como *Inclinación al envés*, *El primer día* (2016), *Testigos de la utopía* (2017); y más perfiladas en *Un adiós abierto* (2023).

La construcción textual se autoincluye y queda representada en el interior del texto, mientras que sus migraciones proyectan distintas interconexiones. De esta forma tenemos la visibilidad de las soldaduras de las diferentes creaciones. Se trata de reflejar la memoria personal de un poema (su autobiografía). Una manera de construcción en movimiento, de reunir fragmentos y tonos desde la desnudez creativa; de crear agujeros para que el discurso tome diversas direcciones y que el lector siga o no esas trayectorias. Se crean una serie de vínculos entre versos o palabras, se producen combinaciones de significados y significantes, y distintas asociaciones de búsquedas auto-interpretativas. El texto poético se corta en pedazos y esos trozos se pegan mediante diferentes elementos retóricos. Por esta razón, la lógica habitual se parte totalmente o se modifica. No estamos ante las Poéticas del Fragmento de la última década, ni tampoco ante un derivado de la Poesía del Silencio o poéticas afines, que no rompen el orden de la enunciación tradicional; ni descomponen la identidad poética hasta el extremo de producir la fractura del sentido.

Traigo desde el recuerdo a Carl Gustav Jung, quien decía que había que construir el ego en una primera etapa para después en otra posterior deshacerlo. Este mismo movimiento podemos trasladarlo a la producción textual de estos autores puesto que existe una estrecha relación entre desestructuración del sujeto y del poema. Mi visión poética entiende la textualidad y el enunciado poético como espacios separados o fronterizos, pues el movimiento compositivo se edifica, se destruye y se vuelva a edificar. Los versos llevan otros versos y las identidades, a otras identidades. Las fronteras del poema son tratadas como una ficción porque no son una verdad incuestionable ni un ámbito definitivo. Al mismo tiempo tenemos unos textos posibles y unos textos reales, al igual que poseemos, desde un punto de vista identitario, unos otros posibles y unos otros reales. Hurgar en las zonas ocultas de la identidad[4]

---

[4]   Existe una estrecha relación entre la ruptura textual (la Poesía Especular) y nuestra heteronimia. Algunas cuestiones sobre la concepción de

equivale a la exploración profunda del poema y al deseo de
indagación de sus alteridades: «Atrévete a desear al Otro por
sí mismo» decía César Moreno[5], observación que podríamos
parafrasear como *Atrévete a desear el poema por sí mismo*. Para ello
se muestra toda la amplitud procesual de su belleza. ¿Por qué
no exponer sus diversas estratificaciones? ¿Por qué quedarse
tan sólo en la codificación de lo supuestamente definitivo?

Esa exposición de los procesos e identidades que pueblan
el poema define el «sentido de la posibilidad como facultad de
pensar en todo aquello que podría igualmente ser, y de no con-
ceder a lo que es más importancia que a lo que no es» (Musil
citado por Moreno, 1998, p. 55). Ese mundo de la posibilidad
hace hablar a las otras partes del texto poético y entonces, la
lectura se convierte en escritura; de ahí que la creación sea a su
vez lectura, interpretación, crítica y viceversa. De este modo, las
posibles pérdidas no se sienten como tales sino como ganancias.
Se gana terreno a los cotos de la poesía. La recepción y difusión
de esas otras partes del todo poético supone una experiencia de
creación más completa. Esos otros textos, al igual que los Otros
del ámbito de la identidad, aclaran las áreas sombrías del poema,
esas caras que apenas poseen voz. No se trata de ser fragmentario
ni de darse al silencio ni de tampoco de caer simplemente en
alguna logofagia, sino de presentar los diversos elementos que
integran la comunicación (aunque, en este sentido, cada uno de
los poetas de *Limados* posee una gradación diferente). Deshacer
la escritura en la lectura, en su propia crítica e interpretación.
Pura ruina, pero con deseos completitud.

El poema se percibe como una traslación de un discurso
roto que se requiere unitario. Por esta razón se da cuenta de ello
y se busca un lector investigador, un lector creador, un lector que
participe activa y estéticamente en la lectura. Entonces es posible

---

nuestras otredades han sido vertidas en GALÁN, Julio César, «Acotaciones
del fue siendo», *Cuadernos Hispanoamericanos*, 851 (2022), pp. 114-127.

[5]   MORENO, César, *Tráfico de almas. Ensayo sobre el deseo de alteridad*, Valencia, Pre-Textos, 1998.

concebir el acto de lectura como ejercicio de creación, pues el receptor se convierte en un actor crítico e integrante real del poema. La voluntad de diálogo se ejerce desde este punto de intersección ya que al mismo tiempo se produce una construcción y una destrucción, la ruina y la casa en un mismo poemario. Para P. Ricoeur[6] la procedencia de cada libro viene de un residuo que le precede y todos estos poetas se encuadran perfectamente en esta concepción. Una dialéctica entre la distancia y la pertenencia al poema. Puertas entreabiertas…

Estaríamos dentro de un conflicto de interpretaciones ya que el propio texto se convierte en un espacio interpretado y re-interpretado, pero no al modo de la metapoesía: «Dentro de los temas metapoéticos […] destaca uno que, si bien había aparecido antes, no lo había hecho nunca de forma tan copiosa ni explícita ni había sido tan decisivo en la construcción del poema: me refiero a una actitud de crítica y desconfianza en lenguaje general como sistema de comunicación, de conocimiento y de expresión de la realidad» (Pérez Parejo, 2007, p. 11).

Podría decirse, tanto de los poetas de *Limados* o *Desobediencia* como de los dosieres *Especulares* y *Poesía Especular* de las revistas *Quimera*, *Acápite* y *Aérea*[7], que están dentro de la simple autorreflexión del poema; sin embargo, esta posible visión será del todo precipitada pues se encuadran en la destrucción del texto poético y en el reflejo, desde diversos puntos de vista, de su proceso. Ni tampoco percibimos un estar al margen de la realidad, de hecho, algunos se inclinan hacia lo social, como es el caso de María Salgado en *Hacia un ruido* (2016) o de un servidor en *Testigos de la utopía*. Ni nos hallamos en una negación de los confines textuales porque esas fronteras no se toman como obstáculos sino como proyecciones, como salidas, como evasiones para aportar una significación mayor.

---

[6] RICOEUR. Paul, *Essais d'herméneutique*, París, Seuil, 1969.

[7] He aquí las referencias: DE LA TORRE, Óscar, (coord.), «Especulares», *Quimera*, 478 (2023) pp. 17-38; GALÁN, Julio César (coord.), «Poesía Especular», *Acápite*, 6 (2024), pp. 5-46; KATÁN, Carlos, (coord.), «Poesía Especular», *Aérea*, 19 (2024), pp. 61-89.

Si añadimos algunas características al marco de ruptura textual, además de las aludidas, podemos comentar un aspecto esencial: el modo de lectura (de este asunto daré algunas pinceladas ya que se tratará con mayor profundidad en un epígrafe posterior). Así tenemos un acto lector de vasos comunicantes, de relaciones intertextuales, en fin, un lector anfibio. Desde un punto de vista estructural, se produce un diálogo entre las diversas partes de la obra, bifurcaciones textuales, quiebros de las notas, incluso no sólo en el plano versal o poemático, sino en el de la propia palabra (Mario Martín Gijón al fondo) o en el del marco referencial (ahí está Juan Andrés García Román). Por consiguiente, pasa por nuestros ojos un lenguaje detonado y una concepción expansiva del texto. Todos estos poetas parecen decirnos que el poema lineal, cerrado, usual, invariable y homogéneo ya no es suficiente.

UNA TIPOLOGÍA RETÓRICA: POR EL CAMINO DE LAS BALDOSAS LOGOFÁGICAS[8] (AFINIDADES Y REFERENTES)

Ostracón y cia

Uno de nuestros vínculos ensayísticos más importante fue el libro de Túa Blesa, *Logofagias. Los trazos del silencio*, que seguiremos a continuación para enmarcar una serie de elementos retóricos en consonancia con los procedimientos de los poetas seleccionados. Nuestra primera parada es el «Ostracón»: «Forma literaria que se construye como pura ruina, hecha de

---

[8]   Aunque el término «logofagias» (Blesa, 1998) con sus diversas acepciones ha sido escasamente utilizado, quizás, por desconocimiento crítico (ha de tenerse en cuenta que surge en 1998, fecha en que aún colean las tórridas efusiones de la Poesía de la Experiencia), en nuestro caso, hemos decidido usarlo únicamente como premisa inicial ya que establece toda una clasificación retórica y estilística bien estructurada y ejemplificada de los antecedentes de los autores de *Limados*. Lo tomamos como concepto orientativo. Conocemos el riesgo crítico que conlleva su empleo, pues nos movemos dentro de un ámbito divulgativo, sin embargo, no hay que olvidar que todo entorno interpretativo puede comportar un lado académico preciso.

restos, [...] Texto ostracón que será el resultado de la figura retórica del mismo nombre por la cual la totalidad se hace presente en ausencia» (Blesa, 1998, p. 23).

La concepción del texto literario como palimpsesto no es nueva, diversos autores utilizaron este medio de expresión como vía estilística, ahí están T.S. Eliot, E. Pound, S. T. Coleridge o J.L.Borges, entre otros. Existe la necesidad en algunos poetas de *Limados* de mostrar el puzle de la creación poética, de cavilar sobre su montaje y de compilar los indicios de lo no escrito. Desde este ámbito del palimpsesto sus propuestas se construyen fundamentalmente sobre dos opciones: en primer lugar, a partir del reflejo del transcurso de la acción constructora con lo erigido y en un segundo instante, por medio de un dialogismo entre las diferentes piezas poéticas. Asimismo, esta inclinación hacia la reconstrucción ofrece una nueva reescritura y nuevas expansiones, por ejemplo, en nuestro caso con la expansión del videopoema de Pablo Gaudet, «Soy un absoluto principiante»[9].

Otro derivado del «Ostracón», la «Lexicalización» (Blesa, 1998, pp. 39-48), aparece en esos versos que quedan en suspenso y de esta forma, se incide en la marcación de los significantes, en la manifestación física de la escritura, grafías, ritmos, etc. Los versos se desdicen para que el lector sobreentienda y a su vez, el poema se lexicaliza aún más con el uso de elementos tipográficos que exponen las fisuras internas. Por nuestra parte, pusimos en marcha una serie de elementos de la ecdótica en el libro de poemas, *Inclinación al envés*: «el lector puede encontrarse en la tercera parte libro con los siguientes símbolos: ☐ espacio dejado en blanco por el autor; † palabra ilegible; // pasaje dudoso; y § lectura conjeturada» (Galán, 2014, p. 16). Con ello queríamos dar la sensación de edición anotada, de traslado del papel emborronado con huecos blanquecinos, aberturas entre versos, dudas en la lectura, tachados-borrados...

---

[9]   Este es el primer videopoema de la serie *Videopoemas Cetáceos* que contó con el montaje y diseño audiovisual de Miguel Ángel Blanco y las voces de Carlos Saiz y Luis Alberto.

Siguiendo la estela de los derivados entramos en el
«Leucós», «así el texto escrito, para ser legible, tiene como
condición el blanco, dialéctica de la mancha y el blanco»
(Blesa, 1998, p. 49). Como en el poema «Blanco» de Octavio Paz, en el poema «Oda al blanco casi» tenemos un texto
en el que el lector debe inventar los versos, en el que se dan
parte del camino. Otro mecanismo es marcar los espacios a
lo Paullo de Jolly, lo cual transmite el deseo de S. Mallarmé
de una escritura ideal en la cual las frases y las palabras se
reflejarían unas a otras. El espacio en blanco sirve de azogue, de bisagra, para la metamorfosis del verso en otro verso. Un discurso que se va devorando. Y para acentuar más,
creamos esas palabras espejos que devuelven algún deste-
llo originario de nuestro ser (concretamente en *Un adiós
abierto*; pero habíamos proyectado una acción hermana, el
degradado, en *El primer día*. Algo, lo único, que no nos dejó
el excelente editor Javier Sánchez Menéndez. Este libro,
en esa editorial, nos sigue pareciendo lo más rompedor de
nuestra producción por libertino). Poema moldeable, poema hecho, poema roto.

Existe, como en todas las técnicas logofágicas, una lectura plural ya que se crean en el poema encrucijadas en las
que lector deberá decidir qué camino tomar. Ese blanco
sobre blanco posee su contrario: el negro sobre negro: el
«Tachón» (Blesa, 1998, pp. 63-87), otro de los sucedáneos
del «Ostracón» y entramos en la igualdad: escribir es tachar,
ensuciar es limpiar, ya que se intenta enseñar esa censura del
autor con su obra, la autocrítica como forma de autobiografía versal. Por eso, convergen lo cerrado y lo embrionario,
el afán de perfección y la impureza. Este recurso enseña la
grieta y la unión; y se representa mediante un trazo grue-
so, doble o fino, a lo José Miguel Ullán, el cual supone más
el reflejo de cierta reescritura que una escenificación de la
ruina. Revive el texto y agoniza. Desde que en *Inclinación al
envés* lo empecé a utilizar hay que decir que la diferencia con
aquellas propuestas novísimas es notable.

El Ápside y las limas

Nuestra poesía requiere de un lector activo debido a la desmembración de un texto en variantes o distintos estados de escritura ofrecidos de manera conjunta. Las diferentes fases de la reescritura representan una de las esencias de nuestra propuesta. Todos ellos presentan el inacabamiento como fundamento y estímulo de la praxis y cierta ironía ante el ideal de perfección creativo (de su realización, de protesta contra la obra acabada, de valoración del proceso más que del fin, *energeia* vs *ergon*). En el centro de esas reescrituras están las variantes, que dejan de ser tales cuando se les otorgan el mismo estatus que a la versión última; entonces, el poema se convierte en una variación más.

El texto deshecho se multiplica y se expande sobrepujando sus coordenadas genéricas, así lo vemos en algunos antecedentes: Leopoldo María Panero y Pedro Casariego Córdoba. Al igual que estos poetas, la Poesía Especular reivindica «lo a-poético, lo imperfecto, lo descuidado como horizonte de trabajo» (Talens, 2000, p. 307). La destrucción del ideal de perfección (o la denuncia de su impostura ya que es un concepto meramente relativo, descriptivo y convencional, sujeto a veleidades temporales más que un arquetipo eterno y normativo) supone el derrumbe y la asimilación de su verdad: la facticidad del poema, desde su origen hasta el «cierre», no es su última parte. Como las muñecas rusas el poema está hueco y ese vacío son las reinvenciones, versiones y reescrituras de cada uno de ellos. Sin embargo, este elemento retórico como los demás no nos indica un cuestionamiento de la escritura sino una afirmación de la misma en toda su plenitud (como proceso, como juego de significantes que no remiten a nada exterior a ellos y que, por lo tanto, convocan no ya «variantes» sino sucesivas variaciones). Hay una necesidad de romper el texto, pero no supone como en algunos tramos de la metapoesía un descredito del lenguaje poético por su incapacidad de transmitir lo real (extralingüístico) y lo propio (ambiguo). Romperlo significa, en este ámbito, marcar y unirse al sentido profundo del poema.

Las orejas del añadido

La constante descomposición del poema en diversas partes pasa por varios cuchillos, uno de ellos se expone en la
«Adnotatio» (Blesa, 1998, p. 149-170). Más allá de la acepción de Túa Blesa: «El desparramiento del texto con notas
logofágicas no es tanto una invención, cuanto una adopción
de una estructura, en principio, literaria» y de división en
«paratexto extratextual y textual» (Blesa, 1998, p. 152), es
conveniente realizar una estructuración más concreta en
ruptura intratextual[10], subtextual, intertextual, metatextual
y paratextual. Hay que empezar antes de diseccionar este
asunto diciendo que la serie de notas, apuntes o añadidos,
ya sean como notas a pie de página o como notas al final del
poemario (u otros mecanismos similares como marginalias),
despliegan toda una galaxia de ramificaciones y rizomas, de
aberturas del poema, de asociaciones de los significados que
hay en el sentido. Y ese allende llega por medio de interde-
pendencias como la *adnotatio* de comentario de texto en la
cual se ejerce, esta vez sí, una carga que dinamita todo límite
textual. En consecuencia, se produce su fraccionamiento y
su reordenamiento central. Además de una extracción de
sus otredades para certificar aquello que fue o aquello que
podrá ser. Se inventa el pasado de lo poético como se inventa el pasado del yo.

El primero de esos rompimientos, el intratextual, enun-
cia desde nuestra base la manera en que los pedazos que
conforman el poema alcanzan su verdadero significado por
medio de dos posibilidades: la interdependencia o las asociaciones internas. Nos adentramos en el territorio del zigzag y nos topamos con esos saltos de página o la metafísica
del juego de las figuras y el espacio, de su vacío, tan caro

---

[10] Todas estas denominaciones poseen, como es conocido, diferentes
acepciones según el autor que las exprese. Pongo un ejemplo y no me ex-
tiendo más en este sentido: no poseen la misma visión sobre el metatexto
Gérard Genette, Mariana Net o Leopoldo Sánchez Torres, entre otros.

en este libro y tan esencial en poetas como Eduardo Scala. Así, los versos van más allá de sí mismos. Coincidimos con Eduardo Scala en que somos «Partidarios de una escritura mística de la revelación, que tenderá a la negación de la identidad, al conocimiento del otro, al vacío y al silencio. Pero el silencio ya no es correlato o anécdota, sino que se erige en el objeto mismo del poema, porque la poética se define, en palabras de su autor, como el arte de composición del silencio» (Muriel, 2001, p. 19). Formas visuales que se utilizan para dar una visión de la parte creativa inicial. Un ejemplo lo tenemos en el poema «Figura 11» de *Testigos de la utopía*[11]. Aquí lo podemos ver:

FIGURA 11

(«Retórico aunque mudo» (Anónimo), reescrito junto a Pablo Gaudet en *El arte de desleer*)

desde el puerto de Náucratis

recuerdo la isla Elefantina

me siento viejo en esta juventud

siempre se vive en otro sitio

y siempre queda lo de más allá

---

[11]   Tanto este poema como el de «Pequeña formación del universo» se ponen como ejemplos (este último se mostrará posteriormente) por su propia disposición visual y su intrínseca dificultad en forma de imágenes.

el gran río moldea tantos rostros

también el viaje de Coleo

más allá de aquellas columnas

de Hércules

en el periplo de los carros

las cuevas enseñan pinturas con más carros

la persa Susa ávida de conquistas

Tarteso y los ciento cincuenta años de Argantonio

los misterios hiperbóreos de los etíopes

los hombres que duermen la mitad del año

(¿y viajar es girar   las rosas hacia aquella luz?)

los caballos fluviales

y la búsqueda del lenguaje de las mariposas

en la mesa del sol   una pradera de carne cocida para todos

pero además por los ojos

transitaron Adrasto

y la sepultura de Atis

esas cartas geográficas

evocadas en piel

¿el plano de la tierra   con cadencia de fantasía?

Otro escalón lo tenemos en la ruptura subtextual y para ello vamos a tomar como punto de referencia la definición teatral de C. Stanislavski de subtexto[12]: «tejido de esquemas innumerables y diversos dentro de una obra y del personaje, hecho de 'síes mágicos', circunstancias dadas, todo tipo de ficciones de la imaginación, movimientos internos, objetos de atención, verdades pequeñas y grandes y la creencia en ellas, adaptaciones, ajustes y otros elementos similares» (2003, p. 148). Desde nuestra propia perspectiva estaríamos dentro del contenido que no se formula en el poema central, pero que se manifiesta a partir de coautores, personajes o lectores interiores[13], formando una polifonía con el fin de aportar diversa información sobre la textualidad poética. Esta coralidad constituye una manera de poner en situación, ya no sólo a los propios versos, sino a la propia ficción: otredad y poema unidos en el mismo lugar. La realidad y la representación convergen y así nos dice Juan Andrés García Román: «Verán: el yo lírico es uno de esos saquitos / con una cara dibujada a los que les crece / un pelo de hierba verde cuando se los riega». Estas voces del espejo coral apuntalan el sentido de ese poemario y exponen las verdades de la simulación. Además, podemos aplicar en cuanto a la coralidad lo siguiente: «Schlegel lo considera como el `espectador ideal´, síntesis de la masa de espectadores posibles; para Nietzsche, desde sus orígenes se relaciona con la música y la danza y se identifica íntimamente con la tragedia» (Lozano, 1990, p. 59). Podemos concretar con dos enfoques: por un lado, la invitación que hice en *Inclinación al envés* a algunos lectores (coautores): Ángel Cerviño, Alejandro Céspedes, César Nicolás y Marco Antonio Núñez, a realizar un texto de otro poema. Como señalaba Schlegel o

---

[12]   Creemos necesaria la traslación de la denominación teatral de subtexto a nuestra poética, puesto que una de sus marcas características se manifiesta en la polifonía textual e identitaria, formando una coralidad doble.
[13]   Nos referimos al lector interior mediante la significación de lector que se convierte también en escritor. El acto de lectura se trasciende en escritura. Los papeles se invierten ya que el autor pasa a ser lector.

Baudelaire la mejor crítica del poema se hace con otro poema y así se lleva a cabo esta acción; por otro, la inclusión de
algunos de mis heterónimos como Jimena Alba o Pablo Gaudet, que ejercen de apuntadores del poema, en este caso ofre-
ciendo nuestra poética. La otredad entra en la unidad y se
produce la destrucción de la identidad sociocultural, de sus
ideales, de sus ideologías, de todos sus lastres; ir hacia los yoes
que fuimos, una búsqueda del tiempo perdido; crearse una
comunidad: los yoes posibles más el tú presente.

Desde estos enfoques y sus traslaciones, el poema, al crearse, absorbe otros poemas. Habría que diferenciar entre texto
poético definitivo, cuyo espacio lingüístico se pretende dura-
dero, y el texto o textos poéticos inconclusos que se manifiestan como una estratificación con el fin de ser reinterpretados
(en Bajtín como enlace entre escritor, crítico e intérprete del
crítico). Por eso, estos poetas incluyen estas razones bajtinia-
nas[14] y no toman el poema como un lugar cerrado y definitivo
(ya las poéticas del silencio y del fragmento entrevieron este
asunto, entre otras).

Desde una intertextualidad indirecta vamos a poner un
ejemplo diferente a lo que se podría esperar, nos vamos a lo
visual, a lo geométrico, al poema «Jaqueca» de Alberto Hidalgo que sirve de modelo para la primera parte del poema «Pequeña formación del universo» como nebulosa de palabras,
como *big bang*. En este caso: «El texto literario se inserta en
el conjunto de los textos: una escritura es réplica (función o
negación) de otro (de otros) texto(s). Por su manera de escribir leyendo el corpus literario anterior o sincrónico, el autor
vive en la historia y la sociedad se escribe en el texto» (Kristeva, 1981, p. 235). Esa forma inicial del poeta peruano de
redondel de palabras sueltas se toma para ejemplificar cómo

---

[14]   M.M. Bajtín, en su teoría de la novela, plantea su devenir histórico
como un proceso no sólo hacia el dialogicismo que entraña la parodia,
sino hacia la «traducción libre». La novela supone para él un ejemplo o
paradigma redondo de ese proceso, de ese dialogicismo y de ese pluriper-
spectivismo y polifonía.

se produce inicialmente el texto poético y cómo va pasando, en nuestro caso, por un segundo movimiento en el que se van conjuntando los versos, de ahí que haya dudas, errores, reescrituras, etc. Y, finalmente, un tercer movimiento en el que el poema está totalmente hecho.

Por nuestra parte, la subversión metatextual se concreta principalmente en el ejercicio de autorreferencialidad[15] y no de comentario, ya que no seguimos la pauta de G. Genette, para quien esos textos que hablan de un modo analítico de otros se insertan dentro de las relaciones transtextuales: «La relación [...] que une un texto a otro que habla de él sin citarlo (convocarlo), e incluso, en el límite, sin nombrarlo» (Genette, 1989, p. 13). Aquí nos acercaríamos a la metapoesía desde su reflexión sobre el propio discurso. Sin embargo, cada poeta especular maneja esta cuestión de un modo variado y, por eso, esos metatextos se mezclan o poseen características de otros constituyentes retóricos ya comentados como el «Tachón» o el «Leucós». Es decir, que el posicionamiento creativo desde los límites textuales es tan intenso que en algunos casos el metatexto se fusiona con el paratexto o el intertexto sirve como metatexto. Invito al lector creador a resolver este cruce de caminos...

En el ámbito de lo paratextual, vamos a hacer la siguiente división, pero antes podemos decir a modo de definición que: «Es un texto que no forma parte del cuerpo semántico del texto nuclear, pero que no es independiente de él y contri-

---

[15] Seguimos la estela significativa de metatexto en estrecha relación con la metapoesía y sobre todo con la concepción de «mise en abyme», posición explicada con gran acierto por Leopoldo Sánchez Torres: «la mise en abyme actúa de modo idéntico a como actúan los enunciados del metatexto: se evidencia una reflexión del texto sobre sí mismo (sobre su estructura, sus unidades y los procesos creación y de recepción). La especificidad de la *mise en abyme*, frente al resto de los elementos del nivel metatextual, es que no se manifiesta explícitamente, aunque proporciona casi siempre una serie de índices que permiten reconocerla como proyección icónica del texto que la contiene» (1993, p. 63).

buye a definir su significado [...]» (Hernández, 2015, p. 67).
Para ejemplificar y así dejar claro al lector qué entendemos en
este campo[15], nos referimos a todo aquello que está alrededor
del texto nuclear: prólogos, títulos, etc. En este campo tan
sólo vamos a mencionar el prólogo de Juan Andrés García
Román a *Inclinación al envés*.

Otras logofagias

En menor medida otros elementos logofágicos son «Babel», «Hapax» y «Criptograma». El primero de ellos se carac-
teriza por agrupar en un mismo poema diversas lenguas, dando lugar a un espacio multilingüe (con sus versiones). Esto
conlleva no sólo una rotura textual en los procesos de lectura
o escritura, sino que se establece un quebrantamiento ya sea
parcial o total de la comunicación. En la literatura española se produjeron ejemplos de esta cuestión: Jenaro Talens y
«La blanche» (entre otros muchos). En este caso entraríamos
también dentro del ámbito de la versión y, además, se produ-
ciría una expansión del poema inicial, de su traducción. Este
último hecho causa una re-traducción, un eco del texto inicial que sirve de fondo y de espejo. Esa diversidad lingüística
indica una doble fractura, tanto del texto como del propio
lenguaje. La mezcla refleja otro tipo de polifonía, pero no
debe contemplarse como una vía experimental[17], sino como

---

[16]   Las notas a pie de página o las notas al final del libro de poemas
aportan ese aire de ensayo, crean los constantes puntos de fuga, cuestión
esencial para reflejar la transgresión textual.

[17]   Voy a citar de nuevo a Ramón Pérez Parejo en cuanto a la distinción de tres líneas de aproximación al silencio, nos quedamos con la
tercera para aclarar una cuestión esencial: «una línea experimental que
tiene su raíz en la vanguardia, que basa sus procedimientos expresivos en
la —denominada por Túa Blesa— *logofagia*, es decir, en recursos estilísticos
caracterizados por señalar la ausencia de discurso» (Pérez Parejo, 2007, p.
288). Esta tercera vía se toma como precedente (por eso hemos realizado el
apartado retórico; sin embargo, las dos grandísimas diferencias residen en
que nuestra poesía muestra el curso creativo del poema y utilizan las logo-

una realidad más del mundo circundante. En nuestro caso, esa babel la hemos introducido con el catalán, el extremeño, el alemán o el francés.

Por su parte, el «Hapax» es un recurso que los *Limados* no utilizan, ya que la reproducción de una lengua nunca utilizada, inventada o la expresión del sinsentido del idioma crean demasiada incomunicación. Este último aspecto no cuadra con ese vitalismo de trascender los márgenes versales ya que como hemos apuntado con anterioridad, estos autores no intentan señalar ninguna carencia o desconfianza hacia el lenguaje. Se trata de un recurso extremo que lleva al lenguaje a su propia inmolación. Habría que plantearse aquí otros usos de multilingüismo en cuanto a invención del lenguaje como los de James Joyce en *Finnegans Wake* con sus neologismos y sus crasis; Vicente Huidobro en *Altazor,* Francisco Pino con sus *Antisalmos,* Ignacio Prat desde *Para ti* o las *Jitanjáforas* de Mariano Brull.

Y, por último, tenemos el «Criptograma», cercano al «Hapax», que representa una serie de símbolos herméticos, filológicos o desconocidos que sustituyen al lenguaje estándar. Por sus características más esenciales de inteligibilidad, opacidad y disolución de la comunicación su uso es escaso. Su empleo se refiere al cifrado lúdico del lenguaje usual (o filológico), elemento que como es consabido tiene una procedencia de las distintas oleadas vanguardistas e hinca sus raíces en el Barroco español.

Provisiones y preparativos para una poesía nómada

La abertura progresiva del poema de diversos modos y desde distintos niveles: este es uno de nuestros objetivos cumplidos. Y todas esas manifestaciones poéticas presentan una serie de rasgos comunes que se resumen en una gama de teorías sobre los límites textuales. Hasta ahora hemos señalado una serie de pun-

---

fagias de una manera más constante, profusa y subversiva que los creadores mencionados y estudiados por Túa Blesa. Por eso ocurre lo contrario: no hay «ausencia de discurso», sino una amplitud progresiva del mismo.

tos comunes. Recordamos que anteriormente hemos realizado una división textual en los siguientes conjuntos: un primer grado sería el de la ruptura del signo lingüístico (la palabra); en su centro encontramos vocablos desflorados en varios semas. Otro, el de la deconstrucción del nivel textual, principalmente realizado por medio de notas, ya sean a pie de página, de manera aparente o al final del libro. Otro se da en el plano espacial, con sus fugas por el blanco y sus juegos por el territorio mallarmeano. Y, por último, un grado del marco referencial, en donde se desplaza por una serie de marcos sucesivos y autoinclusivos a su vez.

En los poemas expresamos la necesidad de establecer una muestra de las interrelaciones y enfrentamientos de las distintas memorias que constituyen el poema «final». Una cadena versal que instituye un dis-curso roto. De esta forma, existe un diálogo entre las textualidades poéticas reescritas, ultimadas y editadas, así como entre sus propias partes. Nos hallamos en la recepción de un lenguaje doble, triple, amplificado, aumentado con el fin de señalar ¿esa intersubjetividad?, ¿esa intertextualidad?[18] o quizás, el intento de perfilar tanto lo indecible[19] del texto como lo decible (dar voz a otros textos pasados con el fin de mostrar su estratificación). Existe la necesidad de levantar un marco en el que se requiere el deseo, la realidad y la quimera de perfilar todo aquello que contiene un poema. Colisionamos con el reflejo de la totalidad —si se me permite esta palabra tan grande— del proceso y el desenlace del espacio poético.

Ese diálogo nos remite a la comentada y solitaria visión del texto como tejido: «El que escribe la obra es apartado, el que la escribió es despedido. Quien es despedido, además, lo sabe. Esa ignorancia lo preserva, lo distrae, autorizándolo a perseverar. El escritor no sabe nunca si la obra está totalmente hecha. Recomienza o destruye en un libro lo que terminó en otro» (Blanchot, 2002, p. 17). Siguiendo los pasos del inte-

---

[18]   KRISTEVA, Julia, *La semiótica*, Madrid, Fundamentos, 1981.
[19]   También lo «indiscreto» en el sentido de lo indistinto, continuo, no limitado por la página, formando parte de una unidad superior.

lectual francés y en referencia a Paul Valéry, podemos decir que el texto es algo inconcluso pero la obra no lo es, la obra es una afirmación de todos esos textos inacabados. Y más allá: Stéphane Mallarmé y su concepción de la escritura como experiencia extrema. Por esta razón, «escribir es describir lo interminable. [...]. Escribir es hacerse eco de lo que no puedo dejar de hablar. Y por eso, para convertirme en eco, de alguna manera debo imponerle silencio» (Blanchot, 2002, p. 22).

Desde el punto de vista derriniano (muy simplificado) entraríamos en una arqui-escritura, pues en lo escrito (y principalmente en su proceso) se encuentra la conciencia del desfase de significados y un deseo de radiografiar la *différance* como lo inaudible, como la brecha lógica de los signos o como la diferencia entre las palabras usadas y no entre sus referencias. Pero, asimismo, pasaríamos a la reunión de todas las preguntas que se ejercen en la reescritura y en su proyección posterior. Y además nos hallamos en la vinculación de un poema con otro, en una anulación de las afueras del texto. Por consiguiente, resulta complicado decir dónde empieza un poema y dónde acaba. Al crear se descompone el lenguaje (las palabras, los versos y el discurso poético) y a través de esa acción surgen las estructuras, el esqueleto, las preguntas.

Esta propuesta lírica uno se adentra en el poema para ver su principio y la necesidad de mostrar su origen y su proceso. El lenguaje no remite expresamente a lo real, sino que se refiere a su transformación (a sus causas). La escritura supone la destrucción de un sentido original, pero también su movimiento inverso y como consecuencia, el recuentro con ese sentido primordial. En el tránsito de crear se encuentran diferentes significados de la expresión esencial. Observamos el movimiento de deshacer el mundo para después rehacerlo, en un ejercicio de recuperación y de diálogo sin síntesis. En realidad, lo que están haciendo en estos poemas es escribir la lectura (giramos hacia Roland Barthes[20]); disponer de sus pre-

---

[20] BARTHES, Roland, *El susurro del lenguaje*, Barcelona, Paidós, 2009.

lecturas, deslecturas, contralecturas y poslecturas; dar cuenta
de las conexiones del mensaje comunicativo consigo mismo.
Desde el ámbito de la intrapoesía (el cual comentaremos más
tarde), los poemas especulares se escriben levantando la cabeza de la lectura (propia o ajena) y de esta forma recrean
ese textolectura barthiano. El acto lector rehace y penetra al
escritor (también al lector ya que se confunden) por causa de
las distintas asociaciones generadas por el poema. Además,
ese acto lector (creador) está sometido a normas concretas
que no provienen del autor sino de una lógica del proceso de
creación poética y de la manera simbólica que la compone y
antecede.

La lectura, en la formación del propio poema y como ejercicio de reconstrucción, supone un contexto de pluralidad de
experiencias diseminadas y diferentes, así como unos resultados irreductibles en su momento, aunque después pueden
mantenerse, matizarse o cambiar (Barthes, 2009, pp. 45-59).
Y ese acto lector lo muestran de alguna manera los poemas seleccionados[21]. Nos ubicamos en la concepción de la lectura[22]
como un medio de restauración textual y este acto evoluciona
hacia una experiencia de tensión con la propia creación. En
consonancia con estas observaciones tenemos al crítico argentino, Noé Jitrik[23], para quien leer es una mutación de lo leído,
y, sobre todo, lo destacable, en este sentido, reside en aquello
que surge de esa transformación: el objeto variado y desci-
frado. Pero para realizar este ejercicio que va más allá de la
simple descodificación del poema es necesario crear en sí mis-

---

[21] El lector puede ir observando a lo largo de este estudio la relación estrecha entre la teoría y la práctica, en que una y otra concuerdan
perfectamente.

[22] Los procesos y transformaciones intertextuales representan un ejercicio constante de lecturas, citas, alusiones, imitaciones, modificaciones, huellas, reflejos…Leemos para escribir y escribimos porque hemos leído, seamos
o no conscientes de ello. La literatura, como sabemos, genera literatura.

[23] JITRIK, Noé, *Cuando leer es hacer,* Santa Fe, Universidad Nacional del
Litoral, 1987.

mo una retórica bien desarrollada (algo que posteriormente detallaremos. Anteriormente hemos expuesto un primer estrato, más adelante concretaremos una propuesta propia). A través de esa progresión creativa el universo poético se muda en un reajuste de la propia expresión con su consiguiente actualización y, al mismo tiempo, el poema surgido se presenta como nuevo. Con todas estas modificaciones nos alejamos de la relación habitual que se había establecido en cuanto a la emisión y recepción mimética y pasiva, pero también de esa noción hipertrofiada y falsa de «creación», que con un aura divina impusieron algunos escritores románticos.

Si Viktor Shklovski[24] hablaba del arte de extrañar los objetos, pues en nuestra propuesta se produce un arte de extrañar el poema y también se desautomatiza el lenguaje no ya con esas viejas etiquetas, me refiero al experimentalismo o vanguardismo, sino con todo un conjunto de estrategias estéticas. Esa incapacidad de expresión poética no se percibe como tal, al contrario, se presenta como una capacidad para generar múltiples posibilidades que engrosan el Poema (además de estilos, retóricas e imaginarios diferentes). Tampoco el lenguaje se recibe como un problema, pues se toma y se muestra a modo de cúmulo de errores (reescrituras: hallazgos) que dan lugar a una textualidad poética calidoscópica (en el aprendizaje por error está el aprendizaje, afirmación pedagógica que podríamos extrapolar aquí como en la construcción por error está el verdadero aprendizaje y la auténtica creación).

Y ese es el camino de esta creación poética: un aprendizaje por error y ahí reside la honestidad con la creación, en mostrar esos fallos; mediante los mismos se puede descubrir, desde su plenitud, todo aquello que se quiere decir. Ahí residen las fracturas y la retroalimentación poética en sus múlti-

---

[24] SHKLOVSKI, Viktor, «El arte como artificio», en Tzvetan Todorov (ed.), *Teoría de la literatura de los formalistas rusos*, Madrid, Biblioteca Nueva, 2012, pp. 77-98.

ples gradaciones, ese «descifrar lo inverso», el dualismo creador, las múltiples notas y lectores integrados en el texto, ese cuaderno del apuntador en su discurso alucinado o la palabra despedazada o los remakes. Es cierto en relación con estos autores lo siguiente: «ha tenido la experiencia del límite y aun la del afuera de los límites y la consecuencia es la incorporación del silencio al texto [...]. Sin embargo, no lo será ya como materia de reflexión, ya no como tema, sino de una manera en la que la textualidad se devora, se consume a sí misma, en un gesto de autoinmolación, trance al que, por lo demás, sobrevive. Este gesto es el que denomino logofagia» (Blesa, 1998, p. 15). Además de la palabra y la no palabra, habría que añadir todos aquellos elementos que quedan ocultos bajo el poema final: sus versiones, sus lecturas cruzadas, su inspiración, las apreciaciones críticas o las personas que viven en él y que no tienen voz, pues normalmente sólo oímos la voz del poeta. Está claro que algunos forman parte de la no palabra, algunos de las fronteras palabra-vacío y otros de la necesidad de reunir y de dar cuenta de la totalidad de la escritura (y lectura) poética.

Estas directrices poéticas reflejan una inquietud poética distinta. Aunque el estudioso José María Ruano de Haza se refiere a la traducción teatral, recogemos y añadimos algunas claves que aportan claridad a las vetas poéticas anteriormente aludidas. De este modo podemos señalar diferentes técnicas de auto-reescritura como «refundición, reelaboración, reconstrucción, adaptación o reutilización» (Ruano, 1998, p. 35) y también de «reelaboración y autoplagio, incluso de calco textual o de distorsión» (Urzáiz citado por Braga, 2010, p. 61). El poema se convierte en huida de la linealidad, en derrota del significado por la amplitud del sentido: limar y liberar el texto en otros textos. En esta Poesía Especular surge un conjunto de vínculos entre los diferentes discursos, líneas, blancos, tipografías e incluso palabras espejos, partidas o degradadas (cada cual en su espacio poético). Y cada conexión posee una jerarquía diferente, según la tipología de los enlaces, desde lo propiamente asociativo hasta lo puramente referencial, pasando por lo estructural o lo rítmico. Todo ello produce un alargamiento del lenguaje y del proceso creativo que, en lugar de negarlo, lo afirma con profundidad; un dinamismo comunicativo y cognoscitivo que crea por medio de diversos vasos comunicantes una creación total y movible; una combinación de fusiones de escrituras; y una necesidad de apertura —de afuera— que deja la obra abierta y expandida.

Son las roturas textuales que hemos ido comentando lo que ejemplifica un lenguaje que se dirige

> no ya hacia una confirmación interior, [...] sino más bien hacia un extremo en que necesite refutarse constantemente: que una vez haya alcanzado el límite de sí mismo, no vea surgir ya la positividad que la contradice, sino el vacío en el que va a desaparecer; y hacia ese vacío debe dirigirse, aceptando su desenlace en el rumor, en la inmediata negación de lo que dice, en un silencio que no es la intimidad de ningún secreto sino el puro afuera donde las palabras se despliegan indefinidamente. (Foucault, 2008, pp. 24-25)

Desde esta postura nos podemos remitir a un campo que denominamos «Poéticas del afuera», siguiendo el título del filósofo francés, *El pensamiento del afuera,* libro en el que Maurice Blanchot se presenta como asidero y de quien M. Foucault dice lo siguiente (algo que podemos aplicar a esta materia lingüística):

> despojarlo en todo momento no sólo de lo que acaba de decir, sino también de poder enunciarlo; consiste en dejarlo allí donde se encuentre, lejos tras de sí, a fin de quedar libre para un comienzo —que es puro origen, puesto que no tiene por principio más que a sí mismo y al vacío, pero que es también a la vez un recomienzo, ya que ha sido el lenguaje pasado el que profundizando en sí mismo ha liberado este vacío. No más reflexión, sino el olvido; no más contradicción, sino la refutación que anula; no más reconciliación, sino la reiteración; no más mente a la conquista laboriosa de su unidad, sino la erosión indefinida del afuera, no más verdad resplandeciendo al fin, sino el brillo y la angustia de un lenguaje recomenzado (Foucault, 2008, p. 25)

Se puede pensar que vivimos en un momento en el que la elegía, la metapoesía, el experimentalismo o cierto tono celebratorio se gestionan por medio de prefijos como neo- o post- o mediante distintos refritos (recuerden los cansinos neo- de los años noventa en España: neosurrealismo, neorrealismos, neorromanticismo, neoimpresionismo, neosimbolismo…; o el eclecticismo de esta primera década del siglo XXI), pero no es el caso de esta inquietud estética. Ni tampoco que todo sea un acto vanguardista y, al mismo tiempo, ese todo sea nada. Ni tampoco que sea un sucedáneo de las poéticas de los años setenta porque este tipo de obras no entrará en este posible fallo. Está claro que todo posee un antecedente y que en estos tiempos parece complicado apuntar algo diferente que no sea paralizado como reproducción de un fenómeno literario anterior. Señalemos, pues, la concepción de texto abierto que defendían teóricos como R. Barthes; las ideas de M. Foucault de analizar el texto no en función del autor, sino de la obra en contexto; la intertextualidad propuesta por J. Kristeva; la transtextualidad de G. Genette; la poética dialógica de M. Bajtín; o el Cortázar de *Rayuela* y el Borges de *Pierre Menard, autor del Quijote,* entre otros.

Sin embargo, hay que decir que esta clase de poesía armoniza con tendencias como la poesía pura, la metapoesía o la poesía del silencio en su preocupación por el lenguaje; con las poéticas de lo fragmentario en su predisposición por lo inacabado o por el trabajo en construcción; con movimientos como el ultraísmo, el dadaísmo, el creacionismo, el surrealismo o el postismo, entre otros ismos. Todas estas conjunciones enriquecen su poesía y establecen puentes entre las vanguardias de principios de siglo, las de la segunda oleada de los años cincuenta, con Cirlot a partir de su hermetismo y Miguel Labordeta a través de su irracionalismo. Otro enlace se halla en la poesía experimental y visual que llega a los novísimos, esta última concretada en los procedimientos gráficos de Eduardo Scala y José Miguel Ullán, en la cual lo hermético también sirve de base y superficie.

Un grupo importante de antecedentes están representados por la línea más extrema y periférica de la poesía de la década de los setenta, la personificada por Ignacio Prat, «quien o es impenetrable o es sublime», calificativos apuntados por Pere Gimferrer[25]. Otras expatriaciones del lenguaje nos llevan a la obra, *Poemas encadenados*, de Pedro Casariego Córdoba, calificado de poeta raro, algo que es otra manera de echarlo fuera del canon más normativo y limitado. En esos poemas encadenados nos atenemos a la certera calificación de Jordi Doce: «un poeta sin tradición»[26]. Debemos añadir a esta base la actualización y renovación de la retórica logofágica a partir de la conjunción de sus constituyentes, los cuales se manifiestan en una misma obra de un modo amplio y novedoso. Esas técnicas se daban en poetas como Eduardo Haro Ibars, Eduardo Hervás, Miguel Ángel Órdovás o Fernando Merlo, entre otros (Blesa, 1998). En estos poetas concurren unas situaciones vitales descompuestas y una creación de frontera: «Parte de estas poéticas transicionales no constan en los grandes inventarios de la Literatura, pues fueron producidas en circuitos *underground* por autores que asumieron también hábitos vitales fuera del canon. He ahí la biotextualidad: el hecho de que entre los lenguajes literarios, la identidad y la conducta, existan vínculos fuertes y establecidos, que lo literario tenga consecuencias sobre el ámbito biográfico [...]» (Labrador, 2008).

Y en esta orilla brillan, desde su centro, José Miguel Ullán, Guillermo Carnero, Féliz de Azúa, Leopoldo María Panero, Jaime Siles, Pureza Canelo y Jenaro Talens. Y más cerca en el tiempo con Chantal Maillard, sobre todo, en su libro *Matar a Platón* (2004), cuyo tránsito refleja la concepción de libro dentro del libro y la combinación de dos discursos paralelos, creando la suspensión de la palabra poética. Aún más limítrofes en su temporalidad nos encontramos con *Insumisión* (2013) de Eduardo Moga. En el lado latinoamericano hay afi-

---

[25] GIMFERRER, Pere, *Memoria de Ignacio Prat*. 29 de enero de 1982. URL: http://elpais.com/diario/1982/01/29/cultura/381106803_850215.html [25-08-2023].

[26] DOCE, Jordi, «Sangre sabia sobre *Poemas encadenados* (1977-1987), de Pedro Casariego», *Letras libres*, 19 (2003), pp. 72-73.

nidad con escritores como Eduardo Espina, José Kózer, Paulo de Jolly, Francisco Magaña, Juan Luis Martínez, Rodrigo Lira, Enrique Bacci y Héctor Viel Temperley. La mayoría fueron agrupados en dos estupendas antologías: *Las ínsulas extrañas* (Milán, Robayna, Valente y Varela, 2002) y *Pulir huesos* (Milán, 2007), las cuales proyectan diversas vías poéticas alejadas de la inercia y la complacencia. Libros como *Hospital Británico* (1997), *El poeta anónimo* (1985) o recopilaciones como *Del esparto la invariabilidad (antología 1983-2004)* (2005) o *Quiero escribir pero me sale Espina (1982-2012)* (2014) reflejan caminos que los poetas de *Limados* conocen bien y han sido transformados por medio de sus propuestas. Y para terminar esta serie de antecedentes podemos citar en la punta estadounidense a los siguientes autores: Ezra Pound, T.S. Elitot, Charles Berstein o Gertrude Stein, mientras que, en la europea, principalmente tenemos a Eugenio Montale o Paul Celan.

Los antecedentes son claros y las diferencias se centran principalmente en la recolección de todas esas tradiciones y su mezcla (sin grumos) en un mayor retorcimiento del lenguaje, del poema y del discurso.

HACIA LO QUE QUISIMOS SER

Conviene recordar que, en un periodo de quince años, desde 2008, con *El fósforo astillado* hasta 2014 con *Inclinación al envés*, en el que curiosamente Juan Andrés García Román realiza el prólogo, han brotado una serie de libros que delimitan un espacio diferente en la literatura española (y posteriormente también, pero ese arco de tiempo refleja el origen). Junto a ese espacio estaba *Limados* y ahí está Ángel Cerviño. Dentro del ámbito socioliterario, su obra poética resulta atípica ya que se da a conocer con *El ave Fénix sólo caga canela (y otros poemas)* en 2009, cuando cuenta con cincuenta y tres años. Si nos regimos por los parámetros convencionales (algo que nunca haremos), los posicionamientos generacionales (antologías, primeras publicaciones, reuniones de diversas índole y pelaje, etc) se producen normalmente en el margen de los veinte a los cuarenta años. Ángel Cerviño, según esas medidas, pertenecería a ese redil que se ha denominado Generación de los 80. Sin embargo, esta muestra es también un desmarque con esas medidas llenas de inercia y pereza, de intereses creados y enquistados. Un primer libro que había que leer despojados de prejuicios. Y ¿cuál es la razón de esa lectura sin prejuicios? Pues si miramos hacia atrás (no muy a atrás) vemos una legión de epígonos del realismo, otros tantos del silencio, muchos más de las tendencias neo-, que en sí ya son una doble epigonalidad. Y esta degradación ha dado lugar a muchas obstinaciones y arbitrariedades.

Tanto la primera década del siglo XXI como las dos anteriores fueron años de una epigonalidad excesiva, constante e infame (no en su conjunto ya que tenemos poetas sobresalientes como Julieta Valero o Julio Más Alcaraz). En este marco temporal libros como *El ave Fénix sólo caga canela (y otros poemas)* muestran múltiples espejos que deforman el discurso, lo agrandan, lo retuercen… Por eso se crean eslabones de significados y trasvases que alteran el lenguaje. Ángel Cerviño reconoce las lindes del poema y decide jugar con las mismas, creando una manera de decir diferente a la más usual, común, normalizada o eclética. En el poema se crean huecos porque el yo, la identidad (de un modo más general) presenta una serie de aperturas y hendiduras. Para este autor el texto tradicional y lineal se divisa monótono; la consecuencia: las disoluciones del mismo.

Todas estas grietas se manifiestan por medio de un lenguaje que deambula entre lo real: «a la hora temprana en que todas las palabras dormitan todavía en sus estanques, esperando que las llamen para realizar las tareas del día (/…/ el pro-grama de mano para una representación de ópera / el artículo de un periódico deportivo / los diálogos de una novela inédita /…/) y una vez dentro / tomándo-las desprevenidas / aprovecha ese momento de calma y silencio para provocar una explosión.» (Cerviño, 2009, p. 89) y el alucinamiento. Cuestiones que son recogidas en *¿Por qué hay poemas y no más bien nada?*, cuyo título viene de un verso del nadaísta, Gonzalo

Arango. En la presentación de este libro Ángel Cerviño hablaba de la relación entre el yo y el texto poético con humor y desde el ámbito de lo teatral, elementos que nunca faltan en la mayoría de sus creaciones. Para este poeta las notas a pie de página sirven para dar entrada y salida a un yo lírico convertido en tramoyista atareado o director de los distintos personajes y figurantes. El texto poético se convierte en un drama o tragicomedia en gente. La identidad social y propia entra y se refleja en el poema, de manera dividida, caótica, irreal, como sucede. Una variedad de voces y de textualidades: intertextos, paratextos, metatextos, etc, que se entrecruzan y confunden. El poema se transforma en un espacio teatral y la obra, en ejercicio de relectura y reescritura, en reflejo de ese acto.

Por otro lado, la trayectoria poética de otro limado, me refiero a Alejandro Céspedes puede concretarse en un antes y un después de *Topología de una página en blanco*. Sus inicios se encuadran en una poesía clara y reflexiva, *La noche y sus consejos* o *James Dean, amor que me prohíbes*, dentro de las diversas mutaciones del realismo español de los años ochenta y que tiene su culminación en la espléndida obra de José María Fonollosa. Su caso es extraño y diferente con respecto a otros autores. Desde el enfoque propiamente poético ya había apuntado un giro de esas formas figurativas ya desgastadas por medio de *Las palomas mensajeras sólo saben volar* o *Círculos concéntricos*, proseguía en *Flores en la cuneta* y culmina de esta manera creciente en *Topología de una página en blanco*:

> reflexión realizada en términos simbólicos sobre el proceso creativo. Es una poética que se efectúa desde dentro de la misma poesía y una poesía que se piensa en el lenguaje mientras está produciéndolo.

> Una profunda desolación conceptual nada condescendiente recorre cada página. Desolación no sustantivada que va produciéndose en el lector durante el acto mismo de la lectura porque no está presente en el texto sino que surge durante el proceso de auto-descubrimiento que exigirá al lector construir su propio texto.

> La página, el soporte, como espacio, como elemento limitador en donde ocurre la simbiosis, como territorio de encuentro para los tres vectores esenciales de lo literario: lo creado, el creador y el recreador. La página 53 se convierte en metáfora absoluta, símbolo último de ese territorio movedizo al que intenta fijarse el lenguaje y en donde se encuentran, enfrentados, entrelazados, atónitos o desdeñosos, los ojos del lector y del autor. (Céspedes, 2012)

Las afueras del texto no existen en estas líneas disgregadas y fracturadas en el blanco de la página, ya que extienden una poesía figural, espacial y visual que circula sobre sí misma, que se amplia y se cierra desde una serie de transgresiones versales que muestran un discurso tan reflexivo como cambiante y dialógico. El poema se enlaza con otros poemas y se producen asociaciones y enlaces sugestivos en donde los versículos[27] se entrecruzan. Se trata de una poesía que se despliega tanto en los márgenes como «en medio de»; se mezclan, a su vez, formas y géneros distintos, pues estamos ante una larga reflexión crítica sobre la propia creación y la lectura del texto, que va unida a lo filosófico.

Topología de una página en blanco es un libro más inclinado hacia lo metapoético[28]; pero se va más allá de ese *meta*, estamos en una metalectura[29] que se escapa por la página,

---

[27] Como en la mayoría de los *Limados* se abandona la concepción del verso antiguo cuya perforación comenzó con el poema «Coup de dés» de Stéphane Mallarmé y que es claramente diseminado por medio de diferentes astillamientos espacio-visuales. En este sentido, el caso de Alejandro Céspedes es significativo ya que se entra de lleno en el blanco expresivo.

[28] Con anterioridad hemos comentado con brevedad una diferenciación esencial y aún más general que las expuestas: aquellos que reflexionan más sobre el proceso creativo del poema y aquellos que lo representan. Alejandro Céspedes se inclina más hacia el primer apartado (también la poeta Yaiza Martínez), pero sin caer exclusivamente en él. La razón de su inclusión en esta muestra se basa en la refrescante convivencia de la ruptura visual con el ejercicio de introspección metapoético.

[29] Para aclarar esta cuestión recurrimos a las siguientes palabras: «la lectura de la lectura, la Metalectura, ella misma no es otra cosa que un

que se pierden en el vacío. Estamos ante una hibridación
de ensayo y lírica. Estamos ante una novedosa disposición
y relación con el lector, en la cual el concepto de recepción se amplía. Esas constantes creaciones y recreaciones
nos muestran también el cuestionamiento de la autoría y la
ficcionalidad. Preocupación o reflexión sobre la formación
del poema, con una disposición de diferentes perspectivas,
características todas que reflejan el origen de la ruptura
textual de Céspedes. Se produce una íntima relación entre
lector y creador, que es bien distinta de la habitual. Este aspecto, el de la representación del lector, resulta esencial en
gran parte de los libros citados y su inclusión se manifiesta
como un ejemplo de presencia real. Se busca una lectura
cómplice que sepa progresar a través del uso de diversos re-
gistros creativos: desde los poemas espejos, con formas figurativas, caligramas, pozos, espirales, páginas cárcel, etc. Y así
consigue a un lector-creador que es, al mismo tiempo, un
trasunto de la apuesta mallarmeana de *Coup de dés*. De ese
juego con las lindes del espacio versal y de las páginas surge
su quiebro, recordando también en algunos casos las directrices de Eduardo Scala.

La siguiente poeta la localizamos en un salto cronológico
de quince años, me refiero a Yaiza Martínez, que encuentra su
ruptura textual en un poemario, significativamente titulado,
Caoscopia. Aquí lo previsible salta por los aires. Ya en la obra
anterior, *Siete-Los perros del cielo* o *El hogar de los animales de Ada*,
y al igual que los demás autores, existe un fondo de reflexión
sobre el lenguaje, aunque este poemario se encuadra dentro
de nuestra denominación, «Poéticas del afuera», pues ya no
sólo hay una reflexión sobre la creación poética o el lenguaje,
sino que existe una quebradura de los bordes textuales me-

---

estallido de ideas, de temores, de deseos, de goces, de opresiones, del cual
conviene hablar uno por uno». (Barthes citado por Garrido, 1998, p. 87).
Por esta razón nos quedamos con la significación de realizar una lectura de
la lectura y reflejar ese proceso.

diante su reflejo. Además, se encauzan dos flujos constantes en su poesía: la elaboración de un discurso por medio de componentes cosmológicos, científicos y alegóricos, estos últimos, en gran parte, de veta religiosa; más una expresividad de índole hermética, cercana al silencio y llena de tensión formal (rasgo que también se dará en Mario Martín Gijón). Como en otros autores la base de la fractura del texto poético se concreta en las notas que lo dislocan, de hecho, es el recurso central y único para llevar a cabo a su detonación (por ejemplo, en Ángel Cerviño y en quien escribe):

poco más: el ser carcasa (12),

carcajada

descreencia

excepto de sonoridad [...]

(12) Conjunto de piezas duras y resistentes, trabadas o articuladas entre sí:

escenario de las partes tiernas y vaporosas, emotividades bajo telón [...]

(Martínez, 2012, p. 16)

La creación poética se autoincluye en el texto y se va destapando a la manera de las cajas de muñecas rusas, pero al contrario que en estos juguetes, el poema se expande, se alarga, ya que se demanda su totalidad. Este hecho, según Mar Benegas[30] muestra que «la voz poética vuelve, se aferra y se desprende. De nuevo estamos ante un proceso fractal[31],

---

[30] BENEGAS, Mar, *Caoscopia*. Yaiza Martínez. 30 de julio de 2012. URL: http://www.culturamas.es/blog/2012/06/30/caoscopia/ [03-03-2022].
[31] La teoría de los fractales es fundamental como trasfondo e intertexto de la poesía de Yaiza Martínez (y de otros autores como Ramón Dachs) tanto en *Caoscopia* como en su libro anterior, *Siete-Los perros del cielo* (2010).

donde cada cita u anotación (el libro está lleno de ellas)
lo hace crecer en su circular geometría». En este sentido,
también podemos atraer a nuestras explicaciones la relación con los rasgos del hipertexto digital, algo que conviene recordar: multisecuencialidad, conectividad, estructura en red, multilinealidad, gradualidad, extensibilidad,
interactividad, reusabilidad, dinamismo, transitoriedad y
apertura» (Lamarca, 2007). Todas estas características se
encuentran, en gran parte, de los poetas seleccionados en
Limados, pero cada uno posee un conjunto de elementos
más acentuados que diferencian y singularizan cada poética. En el caso de Yaiza Martínez el quiebro de la linealidad
del texto poético, su extensión hacia otras textualidades,
causa una serie de gradaciones diversas que conecta con
los distintos niveles de ese poema bifurcado y multiplicado.
Además de ser un elemento de despersonalización (recordemos que en estos escritores la cuestión del yo y el poema,
en cuanto a disolución, van unidos, pues la escritura es la
primera despersonalización), esas aparentes notas a pie de
página, a modo de intersticios, realizan la misma función
que en el ámbito filológico: aclarar, extender el discurso,
explicarlo, traducirlo, en suma, transportarlo de un lugar
a otro.

Si en Yaiza Martínez, el recurso retórico central eran las
notas, en *Desdecir* de Enrique Cabezón (que lleva un prólogo
de Túa Blesa), domina de principio a fin el tachón. Como en
una marea el texto se borra y se rehace, y todo ello nos remite
a otro aspecto no sólo fundamental en este autor sino en casi
todos los *Limados*, la concepción de la reescritura y la relectura como ejercicio poético. En ese libro de poemas hay una
labor oculta de reescritura, a veces palpable en borradores y
revisiones que dan cuenta del proceso genético, dando lugar
a una sucesión de espejos que se proyectan sobre el poema.
Corrección y reescritura expresan una tendencia hacia el esbozo. El poema representa un conjunto de fotogramas, de
huellas del texto primitivo. Versiones, bocetos, correcciones
que dan cuenta de lo inacabado y se realizan mediante un ca-

mino dual: el poema tachado y el poema acreditado. En realidad, esta poesía representa la traducción del acto de crear y esto es algo que ocurre también en Ángel Cerviño y en mí.

La primera lectura y sus posteriores actos lectores: bosquejos e interconexiones; el análisis de la construcción textual para dejar lo imprescindible en el texto central, el cual da paso a la escritura completa. Esa variante poética impulsa una serie de poemas que se muestran en la tachadura: la visibilidad de lo soldado. Las sucesivas textualidades que han formado el poema editado se presentan como ejemplo de la reminiscencia particular de la vida del mismo.

A modo de desnudez creativa, la creación se lleva a cabo por medio de una reunión de fragmentos y distintos tonos, cuyos huecos deben ser rellanos por un lector hábil. Wolfgang Iser [32] expuso esos espacios de indeterminación, esos elementos no dichos y Enrique Cabezón juega a ocultarlos y a descubrirlos en el texto poético. Desde este enfoque, el poema finalizado se concibe como un intento de rematar el significado de algunas palabras, entendiéndolas como elementos analizables. Pero esta vía poética supone una inclinación hacia lo social, una relación entre la crisis que desde hace años afecta a España y la búsqueda de refugio en la escritura poética:

> nos dijeron que vaciásemos de contenido la palabra «escritura» / como el molde de escayola de la cara de un muerto / un vaciado de formas quietas // nos dijeron que no hurgásemos en ese extraño lugar / donde se muerden el cuello veracidad y verosimilitud / ese espacio fértil entre artificio y mentira // nos dijeron pensar solo en la funcionalidad / y nunca mezcléis arte política vida sociedad / demasiados ingredientes —decían / y eso está bien para otros / pero yo no estoy conforme // así que con el vigor en que se ocuparon en anularnos / con la saña que invirtieron en no hacerse eco de nuestra existencia / yo trabajo en llenar de sentido / para mí / la palabra / «escritura» // duela o no (Cabezón, 2013, p. 28)

---

[32]   Iser, Wolfgang, *El acto de leer. Teoría del efecto estético*, Madrid, Taurus, 1987b.

Ese péndulo entre el «yo» y el «no-yo», la fragmentación y la multiplicidad refleja a los otros y a uno mismo (glosamos desde el recuerdo a Gérard de Nerval). Como el propio texto la construcción identitaria es un palimpsesto. Las huellas de otra escritura son también las señales de otro tiempo cívico y ético. Texto e identidad aparecen rotos y rehechos porque el desgaste y el destrozo social, es decir, la pérdida de sentido que refleja el poema tachado se gana en el texto reedificado. Tachar es bello nos dijo Dante o «escribir como tachar» (Blesa, 1998, p. 45). Ese sinsentido se transmite en el borrado de lo escrito como reflejo de la mordaza a los ciudadanos. La belleza contra la usura, el vitalismo contra la mezquindad y la estafa. Los versos rayados de *Desdecir* representan ataduras y reescrituras que, por un lado, construyen la verdad desnuda de la poesía y, por otro, disuelven la mentira visible de los mercados.

En el caso de *Inclinación al envés*, la creación de contrates, paradojas, dualidades, ampliaciones, etcétera, producen en el poema un contexto de pluralidad de experiencias disgregadas y diferentes; hay tensión intensa con la propia escritura. Por esta razón, se lleva a cabo una re-creación del proceso de construcción del poema. Hay una reconstrucción autónoma del poema basada en señales léxicas, estructurales y temáticas del material leído (propio). La interpretación se convierte, al mismo tiempo, en comprensión y en elaboración. El texto como fuga, como pasadizo hacia otros textos, asumiendo el resto de la creación y de creaciones con todas sus consecuencias: penetrar de lleno en lo escrito original y realizar a partir de ese punto una serie de agujeros. Estos discursos se convierten en un ejercicio de perspectivismo con el fin de alcanzar la plurisignificación textual, la cual no se percibe como inalcanzable.

La combinación y unificación de dos o más cauces expresivos es amplia en *Inclinación al envés* y configura su naturaleza desmembrada, diversificando los posibles discursos. El texto pertenece a un todo ¿inabarcable? y la tarea del lector es la de descubrir sus relaciones ocultas. De este modo se responde a la búsqueda de un sentido que hay que des-velar entre el microcosmos y el macrocosmos poético, lo que se apunta mediante los diferentes enlaces (notas al final del libro). Con esto no tenemos una acumulación de lenguajes, sino una integración de los mismos en único mensaje y al servicio de una experiencia dirigida a un lector participativo y crítico[33] en su comprensión de los distintos medios. La unidad del poema descansa, en gran parte (y desde sus orígenes hasta sus destinatarios) sobre la organización de esa masa de signos y notas, con el fin de imponerles un sentido.

El orden de un texto genera en sí mismo estructuras basadas en otras previamente existentes; el significado poético nunca está contenido ni garantizado solamente por el poema central, sino que requiere, obviamente, del compromiso del lector y de su relación creativa para con los paratextos, subtextos, intertextos, metatextos o intratextos. De esta forma concurren y se difuminan las fronteras tradicionales entre escritor y lector, entre poema y escritura.

Y es que la importancia esencial del lector como coautor resulta esencial, por eso, aquí tenemos un rasgo importante: la realización de una obra poética no es un acto individual, sino un hecho colectivo. El ejercicio creativo no se presenta con una sola voz ya que esta convive con otras voces creadoras. Además, como hemos apuntado anteriormente, en ese libro aparecen algunos heterónimos, añadiendo más complejidad al propio acto lector.

Si el ejercicio de lectura es una de las bases de este libro, el proceso de escritura también tiene su estratificación, ya que en la «Nota bio-filológica» del comienzo se establecen una

---

[33] En *Inclinación al envés*, el papel activo del lector se muestra a través de tres vías: por medio de los criptogramas, desde la propia construcción del sentido del poema lineal y a partir de las notas finales. El ejercicio constante de auto-crítica e intertextualidad interna requieren —también en los demás libros comentados— de ese «superlector» de Michael Riffaterre, del «informed reader» de Stanley Fish, y desde luego, «el lector modelo» de Umberto Eco o «el lector implícito» de Wolfgang Iser.

serie de símbolos (criptogramas) que pueblan los diversos poemas con el fin de reflejar ese trabajo en construcción. El lector debe rellenar esas lecturas conjeturadas, espacios en blanco, pasajes dudosos y palabras ilegibles mediante su propia imaginación. Y concretamos: esta estética de lo inconcluso, lo diferido y lo imperfecto se integra en nuestra concepción del poema porque no es posible que este acabe.

Dentro de ese mismo proceso está Juan Andrés García Román, quien forma parte de *Inclinación al envés* igual que un servidor de *El fósforo astillado*, el primero, como hemos dicho, con un relato introductorio e hipnótico que abre los poemas posteriores y yo como autor al que se dedica el libro, entre otros. Como en todos estos poetas hay un libro que es un punto de inflexión, *El fósforo astillado* abre un corte en su trayectoria poética tanto en cuestiones de ruptura textual como en la propia evolución de su poesía. El camino del poeta granadino resultaba ya extenso desde su juventud: *Querido jinete azul, no volveré a escribir cartas tan tristes, Perdida Latitud, Soledad que da al mar, Las canciones de Lázaro* y *Launa* forman un conjunto de aprendizaje y búsquedas. Será con *El fósforo astillado*, ganador del premio Hermanos Argensola, donde se establezcan nuevos parámetros de pensar y crear poesía a partir de la disolución de sus marcos referenciales[34].

Otro aspecto a tener en cuenta por su importancia es la tendencia hacia el humor o la ironía (elementos que aparecen igualmente en Ángel Cerviño o en María Salgado) que suponen otra vuelta de tuerca hacia la belleza del absurdo y que conecta con esa veta vanguardista en cuanto a desenfado humorístico. También existen puntos comunes con Mario Martín Gijón, Alejandro Céspedes o Yaiza Martínez en relación a la preocupación por los bordes o las afueras del lenguaje o

---

[34] En Juan Andrés García Román se produce una fuga del texto que ahora afecta al plano específico de la representación, los cuales se desplazan continuamente unos a otros y, al mismo tiempo, que se autoincluyen (en un proceso especular).

conmigo desde su necesidad de comprobar esas demarcaciones a base de romperlas. Incluso con Enrique Cabezón en su predisposición hacia la crítica social.

En *El fósforo astillado* se percibe otra cuestión que se dinamita a su vez en el interior del libro, otra ruptura, que no es sino la de los géneros (en los demás poetas se realizan otras transfusiones: teatro-poesía, ensayo-poesía o verso-prosa). Esta explosión es pareja a la realizada por medio de la mencionada rotura de los marcos referenciales, tanto lingüísticos como textuales: así, un palimpsesto nos lleva a una huella y una huella a la memoria y la memoria a unas monedas y después a lo no nacido, y más tarde a un puente de palabras:

> Así, la poesía ha de desescribirse como un palimpsesto.
>
> Oh huella que se desertiza,
>
> oh florecida. Sólo di adiós a una memoria siempre perdida,
>
> cada vez más perdida
>
> y cambia tus monedas, hijo de lo derribado,
>
> a veces de lo no nacido;
>
> camina por el puente de palabras que el sol besa un instante
>
> [hacia...
>
> (García, 2008, p. 46)

Y se presenta de forma categórica en su siguiente poemario, *La adoración* (2012). En este libro la poesía está cargada de personajes, de argumentos, de caracteres y tiempos; de individuos como David Lynch o Jim Jarmusch en su viaje-duermevela, entre la ceguera y el deslumbramiento; de autobiografía y ficción (¿un pleonasmo?). O desde lo abstracto: *Identidad vs Texto*, asunto que como hemos comentado con anterioridad está en la base de todos estos poetas. Así nos lo dice el propio Juan Andrés: «Verán: el yo lírico es uno de esos saquitos / con una cara dibujada a los que les crece / un pelo de hierba

verde cuando se los riega». Sin embargo, en *El fósforo astillado*
esa hibridación de géneros se produce desde el campo del
metalenguaje.

Si nos dirigimos a algunas críticas sobre *El fósforo astillado* como, por ejemplo, las de Vicente Luis Mora[35] o Erika Martínez[36], removemos una cuestión candente: ambos
análisis se inician con una reflexión sobre la crítica. Aquí
convergen dos cuestiones fundamentales: primero, que
los poemas necesitan de una serie de puntos de apoyo, de
expansiones del marco referencial, de ejercicios autocríti-
cos, con el fin de tomar conciencia de que un poemario,
una obra o un libro no se pueden cerrar nunca (¿se puede
acabar con lo inacabable?). O por el contrario: realizando
toda una serie de logofagias, desestructuraciones y elimi-
naciones del discurso (en mayor o menor medida, según
los intereses, modos y estilos de cada autor) para intentar
responder a si se puede llegar a ese ideal de perfección por
medio de la destrucción de la escritura. Prefiero dejar este
asunto en el aire y que cada lector juzgue. Lo segundo es
que se produce una «nueva» mezcla, la de poesía y crítica, que ya alguno de ellos como en mi caso he realizado a
través de la heterónima Jimena Alba, denominándolo «Intrapoesía» y que tiene como antecedentes a poetas novísimos, pongamos por caso, el de Guillermo Carnero o Aníbal
Núñez.

Lo que está claro en García Román es que la conjunción
de una forma novedosa de expresión lingüística se acompaña
de varios estratos de hibridación en ese «Cuaderno del apuntador», que funciona a modo de notas a pie de página, de
historia paralela como en *Matar a Platón* de Chantal Maillard,
creando una ópera ¿bufa? Multiplicidad y unidad, uno mismo

---

[35] MORA, Vicente Luis, «10 notas para explicar (me) *El fósforo astillado*.
Diario de lecturas», 10 de febrero de 2009. URL: http://vicenteluismora.blogs-
pot.com.es/2009/02/10-notas-para-explicarme-el-fosforo.html [13-09-2020].
[36] MARTÍNEZ, Erika, «El fósforo astillado», *Adarve*, 5 (2010), pp. 84-100.

y los otros, el propio texto y sus espejos. Todas estas cuestiones sobresalen en *El fósforo astillado* y *La adoración*, obra que no es sino una expansión de la anterior.

Más de aguas interiores es la poesía de Mario Martín Gijón y me refiero a su trato con el lenguaje. Su ruptura de la linealidad sintáctica se realiza en la propia palabra y su reflejo se encuentra, en primer lugar, en *Rendición*, anteriormente había publicado su poemario bicéfalo, *Latidos y desplantes* y en 2014 *Tratado de entrañeza*; sin embargo, en ese poemario, concretamente, en «Desplantes», comienza una manera de potenciar los significados de la palabra, a base de desmigajarla y que culminará en las dos obras posteriores con un recorrido[37] constante.

Podemos decir en cuanto a este utensilio retórico que tenemos dos o más partes de una misma palabra y esta división se presenta como una disección de lo mirado y de lo oculto. Los significantes se descolocan y con efecto dominó las estructuras semánticas y sintácticas normalizadas caen para proyectar la amplitud del lenguaje. Ello manifiesta uno de los aspectos más importantes de esta poética de la ruptura, que ahora se vuelve estrictamente lingüística, bifurcando o desdoblando la semántica del texto y remitiéndonos a «saltos» hacia atrás y movimientos sucesivos con dos o más lecturas. Estas reconfiguraciones han de ser realizadas por ese lector, al que el poema hace una serie de llamadas mediante fugas discursivas.

Este asunto manifiesta uno de los aspectos importantes de su poética rupturista (aunque ya, supuestamente, no se puede hablar de rupturista...En fin, qué tiempos nos ha tocado vivir líricamente): el éxodo por el signo lingüístico sirve de reflexión personal sobre temas de corte existencial, como la soledad y sus contrapuntos: la palabra, pero sobre todo, el

---

[37] También existen en la poesía española otras poéticas cercanas a la de Gijón, como la de Sonia Bueno (Melilla, 1976) con su libro *retales* (2011); sin embargo, en la poesía del poeta villanovense se percibe de un modo más sistemático y desestabilizador (buena parte de estos procedimientos ofrecen ya precedentes minimalistas en la obra de Eduardo Scala).

amor, pues *Rendicción* presenta una alabanza del amor. Esta celebración amorosa deja paso al erotismo, en plena comunicación de los cuerpos, una ejemplificación lo tenemos en el poema, «Del pla(c/s)er», que a su vez nos permite también acercarnos desde otro camino a la importancia de la dicción y de las posibilidades del sentido.

Pero detengámonos en lo esencial, en esa relación con la palabra agujerada, reventada y finalmente, dinamitada. En Mario Martín Gijón el factor pérdida/ganancia sémica toma un perfil nuevo, en una evasión y reapropiación de sus propios márgenes, que se deriva de manera concreta hacia refugios, espejos y demás síncopas que hacen el poema más amplio. Aquí entra una visión muy unida a todos estos poemas: la de esa conocida imagen de la palabra en forma de cebolla con sus capas visibles; o la de la palabra como estrato: vetas terrestres que están atravesadas por desgarros y presencias. Y todo ello unido a un afán de belleza y evocación de una lengua plural y multiforme (estamos ante el reflejo de la complejidad del lenguaje), elementos estos últimos que sobresalen tanto en *Rendicción* como en *Tratado de entrañeza*. Por esta razón, se recrea lo vivo del lenguaje y de la lengua. Este ambiente vitalista está envuelto en un ritmo seco en consonancia con esa sintaxis entrecortada. El entorno exterior se introduce en las palabras de sus dos últimos libros y nos transmiten sensaciones brumosas, húmedas pero también resplandecientes y acogedoras:

> cerce
>
> nado en la pasiva
>
> desidia de los días sedientos
>
> sedente en tu sombra sin sol

(Martín, 2013, p. 54)

Esas heridas producidas en la ruptura de la palabra están condenadas a dejar solamente las huellas de sí mismas, pues se trata de un intento de encontrar y exponer todo o casi todo el contenido del signo lingüístico, dibujando también sus contrarios y semejanzas tanto en lo formal como en lo argumental. Esas estructuras sintácticas seccionadas también nos indican un clima de juego y supervivencia, de hecho, una de las partes de «Desplantes» se titula «Juguetes en serio». El poder del lenguaje aparece como tabla de salvación, pues el poeta extremeño aún cree con reservas en la latitud de su belleza. Por eso se produce un retorno constante a la vida arraigada de las palabras para desestructurarlas, sin que se intenten resolver sus incógnitas.

De esta tensión entre defensa y caída en lo semántico, entre el favor de los cuerpos celestes y la dureza de sus muros, surge el deseo de fusión con la belleza, dando lugar a un sentimiento trágico de la misma. Por eso se cita a Miguel de Unamuno: «los pensamientos son sentimientos en conmoción» o en palabras de Eduardo Moga: «Casi cada palabra es un depósito o matriz de otras palabras y, por lo tanto, de otras realidades, de otras ramificaciones de lo existente. Nos detenemos en ellas para extraerlas, y con lo que hallamos dentro componemos un nuevo mensaje, una nueva emoción. La lectura es trompicada, porque Martín Gijón quiere que lo sea». (2014). Rumbo hacia lo indefinido y hacia su contrario, *Latido y desplantes, Rendicción* y *Tratado de entrañeza* entrelazan vasos comunicantes que nos conducen desde el miedo hasta el amparo, desde lo hermético hasta la claridad, desde el expresionismo hasta las impresiones de un detonador por medio de la palabra rota.

En María Salgado aparece esa palabra desgarrada, pero como un recurso más entre otras riquezas: *remake*, notas, juegos visuales, etc. La más joven de los seleccionados de *Limados* enseña su poética rupturista en *31 poemas*, aunque será en *ready* en donde avance con mayor fuerza en su visión de apertura de los límites textuales.

Como he apuntado en alguna ocasión no debemos calificar a estas obras de experimentales, vanguardistas, herméticas o metapoéticas, ya que, como en el caso de la poeta madrileña, sus poemas expresan una poética del afuera, ya explicada,

y además (y repetimos): esas palabras están muy bien para
un determinado momento literario o como antecedentes. Así
que volviendo a nuestro asunto: *31 poemas* explora la supervivencia de la escritura habitual, es decir, la lineal y cerrada,
marcando una nueva transgresión con ella. Por eso, muchos
de sus poemas se convierten en un campo de batalla en donde se juega con el tachado, con la palabra entrecortada a lo
Mario Martín, con signos gráficos que dinamitan la sintaxis,
con lo inacabado del discurso, con sus posibles direcciones o
con un juego de mezcla de poesía y crítica:

> escribir exactamente igual
>
> que la voz de Ian Curtis, el cantante de Joy Division:
>
> temblorosa, oscura, inacabada, repetitiva, agresiva, epiléptica y
>
> efímera.

(Salgado, 2012, p. 61)

Todo ello en un mismo poemario, dando cuenta de algo
esencial: la necesidad de acabar con la rutina del poema tradicional, supuestamente acabado en su visible «ideal de perfección» editado, recogido en una identidad única y proyectado
en una marca de principio y fin.

Si *31 poemas* supone la exploración (que no experimentalismo), *ready* es el ahondamiento en toda esa retórica rupturista. Este último libro podría considerarse su primera obra
por su singularidad y contribución. Estamos ante un texto nómada. Su gestación no parece casual. Un libro de poemas así
sólo puede terminar de escribirse en un año como el 2011.
ready merodea por los bordes del discurso con distintas fugas.
Esa migración supone un intenso cruce de voces cotidianas y
literarias, un amasijo de rostros narrativos que muestran, por
ejemplo, a Marcel Duchamp narrado por Roberto Bolaño.

María Salgado decía en una expresión maravillosa sobre
la cuestión genérica y la poesía que esta ve el lenguaje de forma poliédrica. Esta afirmación expresa algo que podemos

trasladar a su obra (también a la de los demás poetas), ya sea en *31 poemas* o en *ready*. Pero ¿qué significa ver de esa manera el lenguaje? Desde un punto de vista formal, la poesía de María Salgado es junto con a la de Enrique Cabezón la más inclinada hacia lo narrativo, lo social y lo cívico, la más cercana a la calle, pues ambos se nutren de una pluralidad de voces y de cosas. Por eso, una de las calificaciones que se ha hecho de *ready* se centra en lo contradictorio, ya que se trata de mostrar el modo de choque de distintos lenguajes y al mismo tiempo de observar esa explosión, de cazarla a modo de recortes de periódicos o de agujerar una caja y echarla al agua, no sin antes haber ido por los bordes (un guiño perfomático para la autora). Y ¿dónde encontramos su ruptura textual? Pues, en el ejercicio de tachar la palabra y reabrirla, en el mestizaje de lenguas que se quiebran o el juego con los signos tipográficos. Toda esta mezcla y más podemos observarla de un modo inconcluso en un ejercicio constante de revitalización poética.

FINAL DEL PRIMER ACTO: HACIA UNA TEORÍA DE LA LECTURA Y EL LECTOR

He creído conveniente acabar con un apartado específico en relación con la figura del lector y la teoría de la lectura (incluso una protodidáctica en relación con ello), esencial en algunos poetas de *Limados* (sobre todo, para aquellos que han ahondado en la tendencia especular). Podemos hacer referencia, en primer lugar, a la figura del intertexto lector a través de Antonio Mendoza: «Espacio de encuentro en el que interactúan las aportaciones del texto con los saberes, habilidades y estrategias del lector que lo actualiza» (Mendoza, 2008). Esta conceptualización de Mendoza que tiene sus antecedentes[38], en autores como la aludida J. Kristeva y también

---

[38]   Desde la década de los setenta y los ochenta la línea teórica del llamado «reader response criticism» ha sido la tendencia o el paradigma de los estudios literarios que, tras el estructuralismo, se ocupa de la lectura y

en M. Morton o J. Still (en Mendoza se enfoca más al ámbito pedagógico), implica una serie de funciones principales que enlazan con la recepción lectora y con las distintas categorías de lectores. El cruce del intertexto lector precisa de un descifrador que sepa situarse en sus diversas relaciones. Por eso: «el diálogo intertextual, en última instancia, se verifica y cumple plenamente en la conciencia que ofrece el espacio psíquico del lector». (Guillén, 1985, p. 325).

En estos poetas, el poema se incrusta en el conjunto de otros textos y el lector de estas obras debe ponerse en el instante que antecede a la escritura. Por eso, una de sus acciones tiene que ser la recreación del poema, ya que «el fenómeno literario, en todos los casos, es una dialéctica entre el texto y el lector» (Riffaterre, 1991). Y esa subversión supone no fiarse de la creación del poeta. Así que debe unir sus diversas estratificaciones para que sea significativo y producir de manera reveladora la ampliación de la geografía del discurso poético. El lector de aquellos poetas especulares de *Limados* tenía y tienen que llenar la página, ya que se trata de una poesía de la lectura, de una *poesía de la otredad*. En ella resulta vital la importancia de una lectura que indague, averigüe y complete.

Desde este punto de vista, la poesía se convierte en el elemento de unión de esa ruptura constante y una mediación entre la obra y su significado, en el que resulta decisivo la participación lectora y sus condiciones de recepción: los discursos literarios y los no literarios, requieren no sólo de dos modos distintos de ser configurados o formulados, sino que además están destinados a ser recibidos o leídos de maneras diferentes, precisamente por sus distintas condiciones de producción y recepción[39]. La poesía se convierte en un proceso

---

el lector en su obra. Es inexcusable citar algunas obras de referencia para este apartado: *Obra abierta* (1965) o *Lector in fabula* (1993) de Umberto Eco, *El acto de leer* de Wolfgang Iser y también a R. Ingarden, en *La obra de arte literaria* (1998).

[39] El discurso de Jauss, «La historia literaria como desafío a la ciencia literaria», pronunciado en 1967 y publicado en 1970, se puede tomar como

de interpretación y de ruptura de otros discursos (también propios) y el lector, en este caso, surge de una superposición de los mismos (y asimismo de su destrucción). Recrea y revive la intuición y la emoción textual del autor en sus poemas.

Tenemos un tipo de lector que se integra en la creación y asimismo el pensamiento crítico se enlaza con el pensamiento creativo. En esta transmisión la escritura supone un fortalecimiento para la lectura, ya que la comprensión y la asimilación de los significados textuales se convierten en sentido completo, con lo cual la mecánica tradicional lector-autor queda relegada a un plano paralelo. Hay otra serie de aspectos que obstaculizan una lectura creativa: la pasividad o el marco de sumisión-inercia del poema tradicional. El resultado del acto lector da lugar a una creación nueva, en una traducción de su significado y su sentido (desmontando a E. Pound). De nuevo tenemos que aludir a la cuestión del juego, ya que cuando la lectura se entiende de esta manera se transforma en una forma lúdica de recreación de las palabras, los significados y su sentido.

Por ello debemos realizar un ejercicio de desaprendizaje porque el juego se producirá en el descubrimiento y en el esclarecimiento de algunas sombras de la interpretación. Se trata de pasar de una creación individual a una colectiva: un lugar integrador. Este tipo de escritura es la construcción de un lector investigador, del origen de la escritura: la lectura. El poema como proyecto de lecturas. El lector tiene que ser también partícipe de la creación a modo de compositor. Con esta apreciación y práctica, la lectura creará un vínculo de interrelación, de diálogo crítico entre los textos que se vayan creando. Por esta razón, el proceso de composición debe convertirse en tránsito

---

un manifiesto de su estética, para la cual la literatura pasa a ser un fenómeno construido por y para el lector. Hay que señalar que no representa una transformación radical del paradigma de la recepción (ya se venía dando en la teoría literaria desde hacía tiempo), sino que se centra más una cuestión con mayor delimitación, en sí representa una reivindicación de la figura del lector y de la dependencia de la obra literaria con éste.

de reescritura. Así se empezará a vivenciar el poema, a llenarlo de sí mismo y a hacerlo suyo. Roland Barthes, en uno de los pasajes más bellos que se han escrito sobre la lectura, me refiero a «Escribir la lectura», expone el propósito especular-limado: «En otras palabras, interrogar a mi propia lectura ha sido una manera de intentar captar la forma de todas las lecturas (la forma: el único territorio de la ciencia), o, aún más, de reclamar una teoría de la lectura» (Barthes, 1970, p. 39). Rescate: sugerir los significados de un texto a través de la creación de otro texto: ¿un nuevo sentido? ¿Buscan un nuevo sentido?

Una pequeña didáctica del azogue

Debemos situarnos: coloquio «Poesía española en la interfaz de la estética y el arte performativo», año 2017, en la Universidad de Paderborn, en el cual participo. Para una actividad elijo el poema «Libro XIII», que pertenece al libro, *Testigos de la utopía*. El tiempo que se estableció para trabajarlo fue de entre veinte y treinta minutos. La elección del texto poético se debió a algunas preguntas que la profesora Annegret Thiem y yo nos hemos hecho en torno a la lectura de un texto tachado. Comencé esta propuesta hablando del error como hecho educativo y creativo, y de aquí dirigimos la exposición hacia la conversación de una posible exégesis interpretativa desde un punto de vista del lector. Nos preguntamos por los motivos de ese elemento retórico del tachado y decidimos leer el poema sin tachado para su posible comprensión textual. El poema que tratamos fue el siguiente:

LIBRO XIII

(Poema excluido, pendiente de reescritura)

~~llegadas y repatriaciones~~

~~no sabe cuántos~~ _~~años tiene~~_

~~¿al otro lado~~ está el Dorado?

~~hacerse mayor en~~ ~~el cayuco~~

~~pienso también en los ojos de mi mujer~~

~~¿qué~~ suicidio ~~es este?~~   ~~¿qué manicomio es aquel~~ país? ¿mío?

~~morder el polvo~~   ~~y proseguir y levantarse~~

~~y kilómetros~~ como travesías

~~haz que tu obra parezca~~

~~siempre joven dijeron~~   ~~en las~~ va ~~llas~~ los hom ~~bres~~ metá ~~licos~~

~~endurecerse: signo~~

~~de identidad y hacerse ruina~~

~~y vi crecer tus pechos~~

~~estoy intentando salir de mí~~   ~~de ellos~~

mi nombre ~~siempre es~~ nad ~~i~~ e

(Galán, 2017, p.30)

Tras su lectura sin tachados, volvimos a reflexionar sobre el porqué de anular el poema y también de un elemento muy importante, esa información paratextual: (*Poema excluido, pendiente de reescritura*). Surgieron palabras claves tras el inicio de una lectura comentada, acto lector este con características muy determinadas como la acción grupal y el tono conversacional. Desde esas palabras-llaves, tales como «Exclusión», «Anulación» o «Borrado» empezamos a expresar posibles análisis y desde la conversación, salieron estas perspectivas: una lectura habitual del texto sin el tachado; una lectura coral de varios personajes, cuya participación se oraliza cuando se quitan una venda de la boca; una lectura mediante gestos; o una lectoescritura en la cual el lector reescribe el texto pero sin tachados. Estas fueron algunas vías lectoras, todas ellas razonadas, todas ellas posibles.

La siguiente elección fue el poema «Oda al blanco casi». ¿Por qué? Porque daba juego para una lectoescritura creativa. Este poema, como el lector podrá ver a continuación, está hecho a base de notas a pie de páginas. Esta Poesía *non finito* va hacia la reconstrucción, ofrece nuevas reescrituras y nuevas expansiones. La fractura textual y su alusión a la misma eliminan y recuperan la secuencia escrita. En este caso, los versos quedan en suspenso y de esta forma se incide en la marcación de los significantes, en la manifestación física de la escritura, de las grafías, de los ritmos, etc. Siguiendo esta estela, podemos señalar la condición del blanco en el texto escrito: «la dialéctica de la mancha y el blanco» (Blesa, 1998, p. 49). Como en el poema «Blanco» de Octavio Paz, en «Oda al blanco casi» del libro *El primer día* (2016) se transmite el deseo de Mallarmé de una escritura ideal en la cual las frases, las palabras, los números se reflejarían unos a otros. El espacio en blanco sirve de espejo, de bisagra, para la metamorfosis del verso en otro verso. Un poema sin versos, una alabanza a la blancura, a ese inicio de la creación. Aquí está la prueba del delito:

ODA AL BLANCO CASI

40

41

---

[40] Girasol: El amarillo y los ojos miran el giralunas, el abresol, el girapúlsar, el rayasol (no había sinónimos para la palabra *sol* hasta que ella se igualó al mar una noche de verano y los 30 besos del *Kamasutra* ondulaban en la punta de la lengua).

Las pipas sueñan con unos dientes muy blancas (no es una errata, las palabras también cambian de sexo), quizás, como el de aquellas nubes de este junio estudiantil. Y me digo:

-El amarillo tira de la carne, la engancha como en el ritual «Voto del Sol» de la película, *Un hombre llamado caballo*. Y sube hasta decirme adiós y ya no recuerdo.

[41] La *llanura* cobra otro significado: trabajo, por lo tanto, la claridad en el ahora.

42

43

44

⁴² Cuando atraviesas la arboleda soy la arboleda (creo) y cuando caminas, podría imaginar, como cualquiera, que soy las huellas, el polvo, la sed del caminante; sin embargo, eres el que vendrá, la silueta del pie por marcar, los corpúsculos, el tamo y las limaduras aún por salir, el fluido aún por caer... Y así para ser el río: primero fueron el agua y así fueron el mar del río, el arroyo del lago, el afluente de la charca. En fin, la primera lluvia del año en el desierto o la lágrima en la nube cargada de electricidad.

⁴³ Espacio en blanco dejado por el autor. Ese espacio significa que cada palabra refleja otras, todas se contemplan y se leen.

⁴⁴ Aforismos encadenados: «No preguntes si quieres sentir la sacralidad de las flores»: «Con los días sabemos templar esta extrañeza de los pasos y la convulsión que provoca en cada palabra»: «Eco de realidades subjetivas en que se ejerce la verdad de un texto. El arte de reconstruir un origen».

45

46

---

⁴⁵ Si en este despliegue de aves reside el ritmo en el que respiras la música, habremos hecho de estas manos, unas puertas hacia el vuelo.

⁴⁶ En todo comienzo existe el placer del espejismo, el cual resulta siempre una muestra de supervivencia: La calidez de lo ficticio o el ideal de perfección nos aportan una aparente seguridad.

47

---

47 Diálogo de la mujer sin rostro:
- Observo con la perplejidad de los ′′′′′′ árboles. ¿Cuál es tu nombre?
- Soy anónima. No tuve padres.
- De nada sirve el nombre. ¿Somos los nadie, un cuadro de Francis Bacon?
- Una voz sin dueña/o. La pérdida de beatitud de lo nominal. Vivir en el pronombre. Ser poema, coexistir en el verso, borrar el garabato que nos describe.
- No estoy nada de acuerdo con ese condicional de Borges: «Si (como el griego afirma en el Cratilo)/El nombre es/ arquetipo de la cosa,/ En las letras de rosa está la rosa/Y todo el Nilo en la palabra Nilo».
- ¿Somos el nombre propio, ese poderoso objeto social? Veo a mis padres, su ilusión por definir a su hija, por identificarla; contemplan mis apellidos, vislumbran su obra carnal. Ahora yo veo la mía, la que siempre fui: nada.
- El nombre, nuestro futuro: *No future* nos dijeron los punkis, no se confundieron. Yo he preferido quitarme esas «descripciones abreviadas» como las definió Bertrand Russell. El nombre propio «es un signo voluminoso, un signo lleno de un espesor denso de sentido» nos apuntó Roland Barthes; pero qué sentido, ¿el inculcado? ¿el instruido? ¿el domesticado? ¿Qué ocurre con su capital simbólico cuando se pierde?

48

⁴⁸ La evasión de los gases desinfla al gigante: el cuerpo de la palabra se achica en su putrefacción. Se oscurece la sangre. Las sílabas entran en un estado de magma putrilaginoso. Nosotros desaparecemos en la anatomía de la ilusión o del alma. La mosca se frota las patas, relame su trompa, atusa sus alas. Y después de acicalarse desova en las letras: huevos en PO, pupas en la E, mosquitas en MA. La parte blanda del tiempo en el agujero negro del punto final.

49

50

51

[49] Suma algunos poemas y añade algunos momentos de amor, algunas celebraciones de la amistad, lo maternal cuando fue maternal, alguna canción que nos sacó del mundo y, por último, agrega aquella parte de la Naturaleza que te vivió, así tendrás tu vida en el ahora de este septiembre claroazul.

[50] Este poema posee tres finales:

1. «Y leer es amar./ La piedra esplende la belleza del bosque./Los números son estrellitas negras/ en un infinito blanco./ Nuestra oda casi».

2. «Y leer es amarte: soy./ El cuarzo esplende la belleza del bosque/ y tú reflejas en el asfalto gelatinoso/ la arquitectura de la estrellita negra/ en el son del mochuelo./ Desde tu blanco, nuestra oda casi».

3. «Leerte es amar/ (el autor se despoja de su máscara/ y del ojo derecho/ de la calavera/ irrumpe un petirrojo o ¿era aquel ruiseñor?)/. Estos cantos rodados/ del río/ reflejan el teatrillo/ sin fin del cielo./ Los números son las estrellas negras/de un blanco casi./ Nuestra oda casi».

[51] Para mí la escritura poética es un ejercicio de traducción (Octavio Paz nos guiña un ojo) y como tal expresa la trasladación de una lengua a otra lengua, de un texto a otros textos, de unas versiones a otras versiones,

Tras la consiguiente explicación de la actividad y una breve introducción al poema, se trabajó con doce parejas, como hay trece notas a pie de página, los profesores, Annegret Thiem y un servidor, se incluyeron como participantes. El tiempo aproximado al que nos ajustamos fue de entre treinta y cuarenta minutos. El objetivo era que cada pareja rellenase la nota que falta con algún texto creativo y para ello se ofrecieron diversas opciones:

1. Crear algún verso propio en cualquier idioma.
2. Poner otra nota a pie de página.
3. Colocar una cita a modo de intertexto.
4. Crear un diálogo.
5. Crear un microrrelato.
6. Definir una nota con un gesto; de manera mímica; poner en acción una nota: danza, baile; u otra acción performativa.

Tras dejar veinte minutos para leerlo (hay que recordar que anteriormente, los alumnos, durante sus clases, hicieron diversos tipos de lectura), los participantes escribieron sus propuestas creativas y una vez que las dieron por buenas,

---

de unas variantes a otras, en suma, de unas reescrituras a otras reinterpretaciones. El poema final representa la traducción de un aprendizaje y en la transferencia de significados y significantes se encuentra su sentido. Pero el caso es que no hay cierre y entonces, uno se pregunta ¿no será el poema su proceso de construcción? Walter Benjamin decía que la traducción tiene que rehabilitar el lenguaje esencial que subyace a todos los idiomas. El poema roto, fugado, limado, debe realizar la misma acción desde el inicio de su creación hasta suspensión cautelar (la textualidad poética no se termina, se interrumpe). Y si nos ponemos más estupendos podemos recurrir a André Lefevere y confirmar que traducir (escribir poesía) implica un trabajo de reescritura. De este modo, cuando reflejamos el proceso reactualizamos y revitalizamos el original para reflejar un autoanálisis del mismo. Y más allá: Jacques Derrida, para quien el trance de traducir (interpretar) muda al texto en traducible e intraducible. Aunque yo no me pregunto si es posible o no traducir los pensamientos que portan las palabras, simplemente los reflejo ya que mi obligación está, como la del traductor, en descifrar el poema matriz.

comenzamos a completar el poema con sus creaciones y las mías; de esta forma, salió un poema nuevo, en el que el lector lo completa con su creación.

No debemos olvidar que las sugerencias de las obras *non finito* se producen también por el diálogo entre texto y antetextos (en cuanto a que el proceso resulta lo visible); entre obras y anteobras (en este caso, entre lo que es y lo que pudiera haber sido). Los espacios de contraste que se originan entre ambas textualidades, ya sean artísticas o literarias, suscitan al mismo tiempo otras medidas y dimensiones. Sabemos que para Wolfgang Iser[52] el autor deja espacios vacíos de información (de indeterminación para Ingarden) que el lector debe rematar para definir su incomplitud textual. En las obras procesuales, en aquellas en donde se muestra su desarrollo creativo, se visualizan las conjeturas, las inferencias, los saltos lógicos y las suposiciones. Por lo tanto, esa incomplitud está solventada en gran medida pues el lector debe trazar los lazos de unión; debe convertirse en cocreador. En este caso, para el acto lector se exhiben las señales del recorrido y se convierten, por necesidad, en acto creador: vamos hacia el lectocreador.

En su momento, libros como *Rendición*, *El fósforo astillado*, *ready* o *Inclinación al envés*, entre otros, suponen una vuelta de tuerca al panorama poético en lengua castellana; forman un espacio que estaba desprovisto de estas maneras poéticas y expanden una onda que se amplía (de hecho, sus creaciones venideras prosiguen y ahondan, en muchos casos, por estos caminos[53]). Hay que decir que todos estos libros poseen diferentes grados de ruptura textual, al igual que diferentes estilos y distintas calidades, esto último dependerá del lector y del tiempo, pero antes nos gustaría dejarles la siguiente clasificación.

---

[52] ISER, Wolfgang, «La estructura apelativa de los textos», en Rainer Warning(ed.). *Estética de la recepción*, Madrid, Visor, 1989, pp. 133-148.

[53] Sin embargo, si observamos en retrospectiva y consideramos la evolución de estas propuestas, debemos reconocer que solo algunos poetas hemos continuado explorando y profundizando en esta ruptura textual.

DENTRO/FUERA

Si *Limados* fue un primer paso para plantear un aparato retórico de una nueva tendencia, la de la Poesía Especular, la antología *Desobediencia* resultaba algo más programática, publicitaria y generacional; reunió en sus páginas algunas propuestas rupturistas de la poesía española actual. En sí, se trata de una experiencia valiente, a la par que útil, pues presenta al lector algunas experiencias innovadoras que hincan su tradición en los diversos movimientos vanguardistas del siglo pasado[54] y en la idea de que la poesía es un proceso del lenguaje. Por eso, era necesario ofrecer (y lo sigue siendo) nuevas perspectivas del hecho poético, que están ocurriendo, que están respirando, y que están ejemplificadas[55] a través de diversos autores que han apostado por ellas: Vicente Luis Mora (1970), Marcos Canteli (1974), Julio César Galán (1978), Juan Andrés García Román (1979), Rubén Martín (1980), María Salgado (1984), Lola Nieto (1985) y Jimena Alba (1986). Para ello lo hicimos desde cuatro delimitaciones: Poesía *non finito*, Intra-

[54] Posteriormente enlazaremos esta propuesta con una genealogía a modo de tradición.

[55] Dentro del panorama español, tenemos otras voces que resultan provocadoras, diferentes, incómodas, me refiero, por ejemplo, a Julieta Valero, Ernesto García, Arturo Borra, Benito del Pliego, Julio Más Alcaraz, Sonia Bueno o Víktor Valentinos.

poesía, Poesía Especular y Poesía de la otredad. Algo que comentaremos y especificaremos posteriormente por los cambios producidos en este tiempo.

En un primer momento, podemos subrayar que frente al agotamiento de las diversas corrientes poéticas de los años ochenta y noventa, y junto a un descafeinado *pastiche* de la primera década del siglo XXI, más una cantidad ingente de epígonos del realismo o de las poéticas del silencio mutadas sin apenas variantes, puede comprobarse —en los últimos años— el surgimiento de diversas propuestas poéticas, cuyo punto de origen se produjo a raíz de muestras ensayísticas como *Limados. La ruptura textual en la última poesía española.* La presencia de estas poéticas refleja, desde diferentes ámbitos, una profunda indagación en el lenguaje como medio para capturar el movimiento inaprehensible de la conciencia. Así, en todos los poetas que seleccionaron Óscar de la Torre y Marco Antonio Núñez en *Desobediencia* se produce una visión del texto poético no como un espacio cerrado en sí mismo, sino atado a la noción de proceso y de metamorfosis.

Tengo que decir que para la introducción de esa antología tuve que utilizar, de nuevo, al ideólogo de este marco lírico diferente (finalmente denominado Poesía Especular) que empezó con *Limados*, pasó por *Desobediencia* (aquí tuve que usarlo porque uno de los antólogos se echó a un lado y desapareció) y llega hasta *Poéticas del afuera*, me refiero al mencionado *Óscar de la Torre*[56]. Una vez hecho el tanteo con *Limados*, una vez que nos pusimos a aclararnos las ideas y tomamos conciencia de lo que estábamos haciendo, de que había que

---

[56] Este heterónimo salió de una disputa en Facebook: la idea era hacer un artículo sobre una intuición. Pero todo se resolvió en insultos, amenazas, pataleos, flojedades, miradas olímpicas, jactancia y desprecios («¡No hay ninguna mujer!», una gorrina decía; «¡A qué llamas tú, mequetrefe, ruptura textual!», un gorrino gritaba). Ahora, al leer esos comentarios y al examinar la tosca edición de *Limados*, me afirmo: ¡Cuánto desconocimiento, cuánta flojera de lecturas y cuánta mala leche de Estudios Culturales mal digeridos!

llevar a cabo y con todas las consecuencias ese «El proceso es el fin», organizamos cuatro vetas literarias que estábamos vislumbrando en uno mismo.

Es necesario contar en este momento que tanto en mis libros de poemas *El ocaso de la aurora* como en *Tres veces luz,* la autocensura rompió su esencia. Recuerdo que con el primer poemario surgió la primera intuición para con nuestro posible estilo y se originaron los primeros heterónimos. En este libro se toma conciencia de que trasladar los bocetos, las versiones y juntarlos con el poema final resulta tremendamente atractivo. Las numerosas versiones que le enseñaba a Miguel Ángel Lama no tenían nada que ver con lo que paralelamente estaba haciendo con ese libro y con otros *(Con orejas de trébol, Montoncitos de desnudez* y *Para comenzar todo de nuevo)* que tuve que dejar debido a una enfermedad y que los tres últimos derivaron posteriormente en el libro *El primer día.* Era como tener dos maneras de ser, una la exterior, la más normal. Y es que viendo el percal se percibía y estaba claro que me iban a percibir como uno muy raro y desde palabras que a día de hoy suenan como *experimental, vanguardia, neovaguardia,* etc de este tipo (si ahora está difícil, en aquel momento era imposible proponer algo). Así que había que ser de puertas para adentro. Ese momento de anteescritura (y, sobre todo, de anteedición) de *El ocaso de la aurora* coincidió con una depresión, imagino que esos momentos de insomnio, angustia, hipocondría, soledad crearon el poso de esa lírica a medio hacer... Es curioso ahora que lo pienso esa relación de vida y poesía. Antes de publicar ese libro ya había pasado por una depresión y un cáncer, así que ya estaba preparado para la palabra poética. Lo mismo ocurrió con *Tres veces luz* (terminado en Granada), un diario poético cuyas fechas abrían otros tipos de textos: microrrelatos, aforismos, etc.

Otra curiosidad: al tener negativa de todas las editoriales con esas bifurcaciones decidí simplificarlo, normalizarlo y amordazarlo. Lo curioso fue cuando vi esta idea de libro, de estructura, de apunte en el libro de un poeta amigo. En fin, nada grave. Con *Márgenes* ya desistí totalmente y salió desde el principio hasta el final de esa manera, pero esa pulsión de mostrar las antesalas del poema seguía insistiendo y se encauzó en *Inclinación al envés*. Sin embargo, aunque las circunstancias de expresión y edición parecían idóneas, qué digo, inmejorables, la colección en la que se publicó fue «El pájaro solitario» (Editorial Pre-Textos), hubo que trasladar todas las rupturas textuales al final; me viene a la cabeza aquel diálogo en Facebook entre dos de los ideólogos de la Poesía Especular, he aquí ese teatrillo:

Óscar de Torre: Leyendo sobre Ricoeur, encuentro una adivinanza para el pajarillo que a ✋◎ le gustará: «el desplazarse desde una hermenéutica del autor a una hermenéutica del lector que actualiza el texto en el acto de lectura».

✋◎: Llego de viaje tras un divertido fin de semana y me encuentro con su nota, Óscar. Y en efecto: mucho más que la *intentio autoris* (o intención del autor) a mí me interesan la *intentio operis* y la *intentio lectoris* (la intención del lector y la de la obra). Particularmente esta última, pues ya sabe que soy un lector (y aun hacedor) que se convierte en libro, o sea, en obra.

Y la hermenéutica de Ricoeur, que privilegia precisamente la intención de la obra (en la que se cruzan por otra parte las instancias del lector y el autor) me es por ello mismo tan querida o más que cualquier otra deconstruccionista o semiótica, cosa que me encargué por cierto de explicar y razonar largamente en un artículo titulado «Entre la deconstrucción». Puede que tenga interés el asomarse y más para nuestro amigo ✋♊︎♎︎.

Julio César Galán: Óscar, seguro que ya lo habrá desbrozado...Ay, me acuerdo de Borges, como si supiera de lo cabalístico e ingresaba en todo ese fenómeno expansivo (análogo al de la física del cosmos para la ciencia) en magnitudes aún más breves que la frase como la palabra primordial o la letra y el número (el aleph, el pi, el indecible nombre de Dios o del universo, etc).

✍ ◎: Considérense todos esos modelos, comparables, y que llegan a la teoría del *bing bang*, donde un punto (o letra, palabra, frase, semilla, genoma, etc) máximo de gravitación (y mínimo de tamaño) estallaría y provocaría la gran expansión que a su vez... (Amplificatio, minimalismos: astrofísica y física cuántica: letra, palabra, frase; discurso: proceso, fuga y expansión interminable de las lenguas y los textos; para a su vez, gravitación, expansión, sístole, diástole, interminable, etc). Empero, todos estos modelos resultan binarios y sólo aproximados. Debe existir una mayor complejidad que apenas alcanzamos a ver. Máxime si se recuerda que la longitud del ADN de una sola célula del genoma humano (que permanece enrollada) si se estirase daría seis veces la vuelta a la tierra. Las estructuras y leyes de fondo tienen que ser multidimensionales y complejísimas (unidas al Azar, a Dios o al Ser o Logos). Me he puesto filosófico.

Julio César Galán: Borges, por supuesto, pero más Cortázar. Y un concepto de Educación Infantil: la «lectura mediada». Yo me he puesto hoy más en lo didáctico. Esto de empezar las clases es lo que tiene...Te digo más y ahora sí me pongo estupendo: esa exposición de los procesos e identidades que pueblan el poema define el sentido de la posibilidad. Hay muchas semejanzas entre eso de la ruptura textual y la heteronimia...

Decíamos Borges, pero leyendo sus Scaladas, me veo la mitad del rostro reflejado: ¿He dicho perforación (aunque sea exacta, circular, y nos lleve a desplegar una serie de lecturas)? De entrada, hay todo un símbolo metapoético: se nos introduce de nuevo en la autorreflexividad: literatura dentro de la literatura, arte dentro del arte, metalenguajes... Estamos ante una imagen crítica, autorreflexiva, escondida bajo una metáfora y una metonimia complejas. La perforación circular nos lleva a pensar de inmediato en la célebre tachadura del ojo que, viniendo de lejos y atravesando las artes, llega a la célebre escena inicial de *Un perro andaluz* de Buñuel (ese vaciamiento, como si tanto el libro como nuestros ojos quedasen desorbitados, para ver y hacer las cosas de diferente forma).

✋◎: Sí, hay ahí eso que Túa Blesa llama un *leucon* o un *óstracon*, ahora descomunales, incluso con desaparición auto-rreflexiva de buena parte de la página, que queda, no obstante, magnífica y circularmente limada, plena de vacío y exactitud. Como a algunos os interesa mucho las estéticas de ruptura, a ver si os paso ese artículo mío sobre la tachadura del ojo y las vanguardias, que salió en 1999 tras un congreso en Berlín. Puede pedírseme.

Y en relación a las de notas, ya sean finales o a pie, y de la visión simultánea en la página de cuatro o más textos a la vez. ¿Te has asomado a *La casa de las hojas* de Danielewsky que traducida por fin al español está siendo todo un acontecimiento narrativo? Salto cualitativo en la novela, que entra de lleno en las experimentaciones de la poesía visual y más cosas. A ti, te interesará mucho...

En esta conversación tomé conciencia de que no podía seguir por el camino de las genuflexiones editoriales. La confluencia de suerte y destino me hicieron topar con el editor Javier Sánchez Menéndez quien me ofreció publicar lo que quisiera con ellos. Y salió *El primer día*. Y más tarde con otro editor arriesgado, de los que hacen avanzar la poesía (tenemos un momento poético, en el ámbito hispano, con editoriales complacientes y epigonales, que en su mayoría tuvieron y tienen bastante poder, aunque con bastante decadencia, y que no saben parar de editar poemarios epigonales), me refiero a Agustín Sánchez Antequera pilotando la editorial El sastre de Apollinaire. Esta editorial fue la encargada de poner en marcha la mencionada antología *Desobediencia*. En esta selección los antólogos establecieron cuatro vías que se están abriendo camino: Poesía *non finito*, Intrapoesía, Poesía de la otredad y Poesía Especular. En la primera de ellas pusieron a algunos poetas seleccionados como Lola Nieto, Rubén Martín o servidor, quienes con Mario Martín Gijón formarían el núcleo de quienes verdaderamente hacen esa Poesía Especular/ Poesía *non finito*; pero que no solamente está reducido a esos poetas ya que en el ámbito latinoamericano hay más donde rebuscar y encontrar (Katan, 2024).

Poesía non finito

Ambos encuentran —en parte— su vía poética en los moldes de una *estética de lo inacabado*: lo inarmónico es, a la postre, lo armónico[57]. Ya no se encubre el arduo coste del resultado final, ya no se disimula el artificio (el cierre), ya no se vela al muerto del ideal de la Perfección. La elaboración creativa resulta, desde la intimidad, la esencia y el valor del proceso en sí mismo, el cual se convierte en el Ser, en el resultado y, asimismo, en el inicio. Si la realidad, al observarla desde sus seres y objetos, no posee ni principio ni fin (aunque aparenta tenerlos), ¿por qué la obra literaria o artística debe tomar la apariencia por la esencia y quedarse así y aquí? Aquel que recibe debe participar en las diferentes consignas procesuales, tiene que ahondar en el «cómo». Esta poesía se adentra en la imperfecta perfección y nos sugieren, al menos a nosotros y desde este enfoque, que una obra *non finito* provoca más sugerencias en el espectador, aviva más la imaginación de sus orígenes, de sus modos, de sus misterios, porque crea más enigmas y más preguntas (al menos eso deseamos). La obra no deja de ser un mecanismo de transición y como tal: ¿no debería plantear, pues, un mecanismo de análisis interpretativo diferente?

No debemos olvidar que las sugerencias de las obras *non finito* se producen también por el diálogo entre el texto y los antetextos (aquí en cuanto a que el proceso resulta lo visible: reescrituras, bocetos, marginalias, etc); entre las obras y las anteobras (en este caso, entre lo que es y lo que pudiera haber sido, ponemos por caso, en un parangón con lo artístico, la proyección y siguientes proyectos de la tumba del Papa Julio II de Miguel Ángel, y la obra resultante, tan alejada de los primeros bocetos). Pensemos que los espacios de contraste que

---

[57] Es un buen momento, pasados ocho años de *Limados* y con el recorrido de varios poetas, establecer la línea especular como una serie de relaciones entre texto e imagen. Pongamos por caso el uso de tendencias como el Concretismo y la Poesía Visual en sus múltiples modalidades.

se originan entre ambas textualidades, ya sean artísticas o literarias, suscitan al mismo tiempo otras medidas y dimensiones, otro caudal artístico, aunque este nunca llegue a materializarse. En las obras procesuales, en aquellas en donde se muestra su desarrollo creativo (por ejemplo, en nuestros libros *Inclinación al envés* o *El primer día*, en *Sistemas inestables* de Rubén Martín o *alambres* de Lola Nieto), se visibilizan las conjeturas, las inferencias, los saltos lógicos y las suposiciones, lo mismo que en algunas obras inacabadas de Miguel Ángel solo se entrevén las intenciones del martillo y el cincel del artista. Por lo tanto, parte de esa incompletitud no está solventada, pues el lector debe conectarla; debe trazar lazos de unión; debe convertirse en *cocreador*. En este caso, para el acto lector se exhiben las marcas del recorrido (como los puntos a trabajar señalados sobre el bloque de mármol) y se convierten, por necesidad, en acto constructor: vamos hacia el lectocreador… En fin, en la Poesía *non finito* se muestra el proceso de creación, he aquí la gran diferencia con poéticas anteriores, como la metapoética, en la cual se reflexiona sobre el propio lenguaje, pero no se hace visible ese proceso a través de reescrituras o versiones.

Intrapoesía

A partir del marbete aludido en el epígrafe anterior, en este caso la poesía se convierte en un proceso de interpretación y de ruptura desde otros discursos (también propios). Esta denominación proviene de mi heterónima Jimena Alba, y su ensayo, *El último manifiesto*[58]. El lector surge desde una superposición de los mismos con el añadido de su propia destrucción. Poetas como María Salgado en *Hacía un ruido*, Jimena Alba en *Introducción a la locura de las mariposas* y Vicente Luis Mora en *Serie* recrean y reviven la intuición y la emoción textual de otros textos y de otros autores en sus respectivos poemas. Esta intrapoesía enlaza el pensamiento crítico con el pensamiento creativo. En esta transmisión la escritura supone un fortalecimiento para la lectura, ya que la

---

[58]   ALBA, Jimena, *El último manifiesto*, Gijón, Trea, 2019.

comprensión y la asimilación de los significados textuales se convierten en sentido completo, con lo cual, la mecánica tradicional *lector-autor* queda relegada a un plano paralelo. El lector se convierte en intérprete del texto ajeno, en re-creador. El resultado de ese acto lector da lugar a una creación nueva, a una traducción de su significado y su sentido. De nuevo tenemos que aludir a la cuestión del juego, ya que cuando la lectura se entiende de esta manera se transforma en una forma lúdica de recreación de las palabras. Por ello, debemos realizar un ejercicio de desaprendizaje, porque el juego se producirá en el descubrimiento y en el esclarecimiento de algunas sombras de la interpretación. Se trata de movilizarnos desde una creación individual a una colectiva: un lugar integrador. Este tipo de escritura es la construcción de un lector investigador, del origen de la escritura: la lectura. Esto está muy presente en el poema de Vicente Luis Mora, «Der-rotaciones: Sobre Lo solo del animal», o en toda la poética que subyace en la poesía de Jimena Alba (2019). El poema como proyecto de lecturas. Al lector se le exige (sí, se le exige) que sea también partícipe de la creación a modo de compositor. Poesía de la lectura o Intrapoesía: «el distanciamiento, no el reflejo de lo personal mediante la transformación de lo leído en poesía; fusión de crítica y poesía» (2019, p.45), así nos dice Jimena Alba. Desde este punto de vista, la poesía se convierte en una ruptura constante del propio texto y en una mediación entre el autor y el público receptor. En estos casos, los poetas realizan aquello que Jean Luc Godard pedía a los críticos: «critíqueme con otro film».

Poesía Especular

En este sentido inicial de la terminología de la Poesía Especular se afronta este epígrafe como metamorfosis de *El relato especular* de Lucien Dällenbach[59], contemplando lo que ya es contemplado. Desde este ámbito, el poema consiste en un relato estratificado de una serie de textualidades que se van encajando unas en otras. Una narración en abismo: iden-

---

[59]   DÄLLENBACH, Lucien, *El relato especular*, Madrid, Visor, 1991.

tidad y texto literario entrelazados. Al traducir esos estratos se
ejerce la palabra a modo de interpretación de la identidad.
El poema resulta ser una matrioska (Juan Andrés García Román en *La adoración* o Lola Nieto en *Tuscumbia*). Poemas en
abismo. Texto que se abre a otros textos y se cierran sobre
ellos mismos. Podemos afirmar que un poema está abismado
cuando se halla con otros en su centro y, desde aquí, se produce una ramificación del mismo, ya sea en el propio interior
o a través de notas a pie de página. Su reflejo puede ser intertextual (que otro texto se expanda a través del poema, ya
sea con esas notas: por ejemplo, en mi caso, con *Testigos de la
utopía)* o interdiscursivo (que refleje otro discurso dentro del
desarrollo del propio relato: ya sea pictórico, cinematográfi-
co, musical, etc., por ejemplo, en *Poemas de s/7,* de Marcos
Canteli). En realidad, estamos ante un segundo texto literario colocado en *abyme,* que viene a incrustarse en el discurso
central como componente configurativo del propio discurso.
Así, estas aludidas muñecas rusas señalan un procedimiento
que se asocia con la idea de infinito, debido a su circularidad
y recursividad.

La circularidad se constituye, igualmente, en estrategia de quiebro de los modelos lineales como consecuencia
de la ausencia de un origen en la misma y de la negación
para realizar el cierre. El poema como espejo es, a la vez,
aparente y verdadero, exacto y engañoso. Así resulta la metáfora del reflejo y de la realidad, además de todas sus vías
paralelas. La aparición del texto especular implica una invitación al espejo que proyecta una puerta abierta a otro
discurso, pues detrás de él se halla otro relato posible. Desde el punto de vista creativo, esta textualidad inserta y en
abismo no está subordinada al poema central, pues, a pesar
de que le debe la existencia y se apoya en él, posee su propia independencia. En conclusión, la oposición primario/
secundario salta por los aires al igual que cuestiones como
linealidad o cierre.

Poesía de la otredad

El poema colectivo, el poema coral, el poema en el que se da cabida a otros creadores, a lectores, a editores, a otredades... Desde esta acepción (compuesta), el poema nace de manera unitaria y las individualidades mueren para dar pie a una nueva voz, a alguien o algo nuevo. Este macroautor del texto abre las palabras de manera polifónica. Se trata de realizar una ruptura subtextual, cuyo contenido implícito se reúne a través de sentimientos y emociones ajenas, y, consecuentemente, de un pensamiento en lejanía. La disolución de lo individual, la querencia de la obra abierta y plural, se encuentra en algunos de los poetas seleccionados para esta antología. Estaríamos —en algunos casos— transitando entre una tensó trovadoresca y la renga japonesa, que no buscaba una voz predominante, sino moldear una voz nueva, surgida del ensamblaje de los participantes. De ahí que se forme un poema tanto predecesor como sucesor; bloques poéticos de sentido que se exponen —al mismo tiempo— de modo continuo y discontinuo. La poesía se convierte en una textualidad eslabonada que realiza, paralelamente, un efecto de conexión e inconexión. Por eso, nos situamos ante una poesía que se corresponde con la crisis de la noción de autor y la aspiración hacia una poesía colectiva. Los autores se anulan como individuos en beneficio de la obra o la lucha común. Es el caso de Juan Andrés García Román en *La adoración*, de María Salgado en *Hacía un ruido* o de Marcos Canteli en *Constitución*.

En el poema existen más voces que la voz del poeta. El autor es un ideólogo presente en la obra pero no es el único, los personajes son también ideólogos con una voz independiente y autónoma con respecto al autor. Este hecho presenta una pluralidad de voces independientes como una característica intrínseca, rompiendo así la concepción unitaria del creador, quien pasa a ser una voz más de esas voces. Se trata de una poesía que se pone en escena (social o cívica) y, entonces, el sentido del enunciado nace de la confrontación de diferentes realidades ficticias y sociales.

FIN DE PARTIDA

El objetivo principal de esta muestra de poesía que se reúne aquí radica en hacer visible esas cuatro vías poéticas anteriormente comentadas. No queremos dar a entender que estos poetas están enclaustrados en estos caminos, de hecho, todos participan y combinan esas vías. Asimismo, hay que subrayar que todas estas propuestas se encuentran en pleno desarrollo. Como cierre, vamos a referirnos a Adorno: «La crítica legítima tiene que adelantarse a las obras que ella critica: prácticamente tiene que inventar las obras que sea capaz de criticar. Y si es lo suficientemente productiva, a buen seguro habrá compositores que escriban tales obras» (citado por Hamm, 1971, p. 11). Queremos desmarcarnos también de posibles etiquetas ya manoseadas e inoperativas para estos poetas: experimentalismo, neovanguardia, metapoesía, etc, pues sus creaciones poéticas suponen un paso más allá en estas cuestiones de ir por los márgenes o traspasar fronteras. Por eso, es necesario desarrollar nuevos campos críticos y estéticos. Asimismo, manifestamos que una reunión de poetas debe ser algo más que una selección al uso, la mayoría están creadas junto a la cercanía del gusto del antólogo, del amiguismo o del aburrido redil generacional, tan pasado de moda por inoperante. Creemos que es el momento de entreabrir algunas puertas y ventanas.

Hacia una lírica especular

Una manera de situarse

Es habitual que cuando algún autor hace una propuesta para el mundillo literario, surjan una serie de tópicos interpretativos negativos: ¡Baff, no son tan innovadores! ¡Esto ya se ha dicho antes! ¡Ha descubierto el Mediterráneo! ¡No es nada nuevo! o en relación con estos apuntes desdeñosos, alguien señale, entre lo paternal y la mirada olímpica, los antecedentes de esa proposición (mordaza frecuente como medida para acallar, censurar o apartar). Hay que decir que la monotonía literaria o las voces medias convierten la tradición en traición, en servidumbre y finalmente, en epigonalidad. Ante estos futuribles más que probables, ya sean de puertas para fuera o a viva voz, resulta conveniente determinar una serie de antecedentes para la propuesta de Poesía Especular. Inicialmente, debemos recordar que ya sea con mi heterónimo, Óscar de la Torre o como ortónimo, estipulé las cuatro propuestas poéticas comentadas en el apartado anterior y que a modo de resumen podemos exponer del siguiente modo: Poesía *non finito* (poesía hecha a base de reescrituras), Poesía Especular (el poema dentro del poema), Intrapoesía (la crítica literaria hecha poesía) y Poesía de la Otredad (el espacio de los otros). Cada una definidas, de manera progresiva, junto a los críticos y escritores Marco Antonio Núñez y César Nicolás, en *Limados. La ruptura textual en la última poesía española,* y después en 2020, en *Desobediencia,* también junto a Marco Antonio Núñez y como Óscar de la Torre. Todas esas líneas estéticas las he unido en una sola, la de Poesía Especular y la razón reside en que poseen diversos puntos comunes entre ellos: la salida del poema y de la identidad cerrada y lineal; la consiguiente conexión de los quiebros poéticos con los identitarios; el poema como desfiguración (un guiño para Paul de Man) y la identidad como despersonalización; el axioma central de la Poesía Especular: «El proceso es el fin»; la raíz retórica de las logofagias y su base, la rotura del discurso poético a base de quebrar los diversos estratos ensayísticos; y el principio de rizoma como disolución de lo lineal, como fuga continua (al fondo Deleuze).

Ahora vayamos a aquellos que nos señalan el pasado con el dedo, es decir, aludamos a nuestros antecedentes y a nuestros compañeros de viaje (que no de amistad porque esto no es un rollo generacional): en primer lugar, hay que decir que las denominaciones principales vienen, por un lado, del ámbito de la escultura y la pintura (Poesía *non finito*) y del ensayo: Poesía Especular, terminología procedente del ensayo, *El relato especular* de Lucien Dällenbach; y otro ensayo importante en este punto es *Logofagias. Los trazos del silencio* de Túa Blesa en donde se enmarca una serie elementos retóricos en consonancia con nuestros procedimientos discursivos.

Dentro de la línea de la *Intrapoesía* podemos señalar a los siguientes poetas actuales que la representan: Vicente Luis Mora en poemas como «Des-rotaciones: Sobre *Lo solo del animal*» o Jimena Alba en obras como *Introducción a la locura de las mariposas* (2015) (recordemos que es la fusión de crítica literaria o artística y creación poética). Y en cuanto a los antecedentes: del *exempla* a Manuel José Quintana (en su canto al talento); de André Chénier: el poeta como «éclantante interprète de la science» (quitemos ciencia y simplemente agreguemos cualquier creación artística) a «Les saisons» de Saint-Lambert; la poesía didáctica o filosófica del siglo XVIII; Núñez de Arce en Raimundo Lulio; del Borges de «James Joyce» a la «Lectura de John Cage» de Octavio Paz; el prólogo en verso, entre muchos de los poemas de *Carta entera*, de Luis Rosales; *Aullidos* de Allen Ginsberg; Ricardo Defarges desde «Las fresas salvajes (Ingmar Bargman)» y en *Muere al nacer el día;* algunos poetas españoles del 70 en textos como «El espacio del poema» de Jenaro Talens o «Investigación de una doble metonimia» de Guillermo Carnero; y Juan Malpartida en «Islas», entre otros (Alba, 2019, p.9). Esta intrapoesía enlaza el pensamiento crítico con el pensamiento creativo. En esta transmisión, la escritura supone un fortalecimiento para la lectura, ya que la comprensión y la asimilación de los significados textuales se convierten en sentido completo, con lo cual la mecánica tradicional *lector-autor* queda relegada a un plano paralelo. El poeta se convierte en intérprete del texto ajeno, en re-creador. El resultado de ese acto lector da lugar a una creación nueva, a una traducción de su significado y su sentido. ¡Ojo, no se trata del Culturalismo de los años 70!

En cuanto a la Poesía de la otredad podemos concretarla en el poema colectivo, el poema coral, el poema en el que se da cabida a otros creadores, lectores, editores, otredades… porque en la corrección de un texto lírico intervienen diversos revisores y, por tanto, se erigen como co-creadores. El autor se anula como individuo en beneficio de la obra o la lucha común. Antepasados poéticos: la tensó trovadoresca, la renga japonesa, los cadáveres exquisitos, Rafael Alberti en sus poemas escénicos o Joan Brossa en *Posteatro* (2001). Poetas actuales que la representan: pues los mencionados Juan Andrés García Román en *La adoración*, María Salgado en *Hacía un ruido* y añadimos el libro coral *Bemba baba*[60] de Sonia Bueno, Jorge Coco Serrano, Ernesto García López, además de Lola Nieto o un servidor. En mi caso pongo un ejemplo: con los editores de Pre-Textos y en *Testigos de la utopía* hice el siguiente juego que transcurrió de la siguiente manera: tras la aceptación del libro para su publicación, los editores me envían algunas sugerencias,

---

[60]   BUENO, Sonia, Coco SERRANO, Jorge, GARCÍA LÓPEZ, Ernesto, y NIETO, Lola, *Bemba baba*, Santa Coloma de Gramenet, La Garúa, 2021.

algunas correcciones. Algunas de ellas las incluí y otras no. Posteriormente, les pregunté si podía introducir algunas en el apartado final (casi como un anexo), «Adendas a *Testigos de la utopía»*, y en concreto, en la primera entrada, «A modo de pórtico»:

> En la penúltima versión los editores realizan estas observaciones:

> [...] Lo cierto es que el libro adolece, en mi opinión, de ciertos excesos que estaban ya presentes en las primeras versiones de tu primer libro: la dicción fragmentada, el abuso de las yuxtaposiciones, los juegos intertextuales, el vanguardismo de *modé* en el juego con los signos de puntuación, etc... hacen la lectura, si quieres que te seamos sinceros, algo indigesta y velan, más que descubren [...].

> Los elementos autobiográficos dialogan constantemente con otros poetas y dan cabida a otros sucesos de índole social y política, como se ve en las notas al margen del poema, «Libro IX», por ejemplo.

> Enuncias, te corriges sobre la marcha y nos ofreces todo el tiempo la experiencia completa, llena de tachaduras, de matices, de espacios en blanco, de tanteos. Esto da al libro un carácter [...].

> La celebración y la conciencia, el himno y la lucidez, van de la mano en tu poesía donde el elemento principal es el espacio, donde la plenitud puede ser posible: el desierto o el mar asimilados al poema.

> (Galán, 2017, p. 83)

Es un ejemplo; en otros casos, introduje a heterónimos o propicié un juego de archilectores que consistía en integrar a cuatro escritores en el poema que ellos hubiesen elegido y a partir del cual podían insertar su propia creación poética.

Sin hacer aún esa fusión de las líneas líricas anteriormente mencionadas y ciñéndome a las denominaciones de Poesía Especular y *Non Finito,* vamos a señalar ampliamente sus antecedentes (poetas actuales que la encarnan: Lola

Nieto, Mario Martín Gijón, Rubén Martín y un servidor):
de primeros de siglo XX me quedo con el ultraísmo, el futu-
rismo y el creacionismo. Del primero, escogemos la preva-
lencia de la imagen y la metáfora, o la supresión de cadenas
de nexos. Y, por encima de todo, la estrecha relación de
la poesía con la pintura, la escultura o la arquitectura, en
concreto, con aquella que gira en torno a lo inconcluso.
Del segundo, recogemos los desvíos de la tipografía habitual, «la presentación pictórica de la página, donde están
presentes diversos colores, diferentes tipos de letra [...],
el cambio en la dirección de las líneas (verticales, circu-
lares, interrelacionadas con paréntesis, con grandes letras
mayúsculas, etc.) [...]. Desde el punto de vista de las grafías sustituye los signos de puntuación por signos matemá-
ticos (+ - x, etc) y musicales» (Estébanez, 1996, p. 435). Por
nuestra parte, utilizamos en *Inclinación al envés* (2014) un
tipo de simbología, la filológica, para dar esa apariencia
de libro anotado, comentado, interpretado. ¿Y del creacionismo? Pues lo que hicimos fue una reescritura de sus
fundamentos: 1.) Muestra del hecho poético inventado. 2.)
Puesta en contraste de lo anecdótico con lo sustancial. 3.)
Construcción, reconstrucción y juego con todas las piezas
del poema. 4.) Recreación del texto poético como objeto
nuevo. Y más reformulaciones, esta vez en torno a la figura
del poeta, cuya función principal desde nuestra posición es
la de recrear un submundo latente, es decir, debe fotogra-
fiar su genética textual. Como el objetivo del creacionismo,
el nuestro es el de lograr una poesía pura, pero a través de
sus impurezas (algo muy distinto al neopurismo o la poesía
del silencio). Y por supuesto, entre nuestros maestros pre-
feridos: Vicente Huidobro, Gerardo Diego y Juan Larrea.
En el cubismo aludamos a Guillaume Apollinaire: decir su
nombre es traer a colación y entre otras cuestiones los conocidos caligramas. Pongo un ejemplo de reformulación,
compresión y asimilación de la tradición en uno de mis
poemas, «Pequeña formación del universo» (del libro de
2016, *El primer día*):

Pequeña formación del universo

(Primer movimiento)

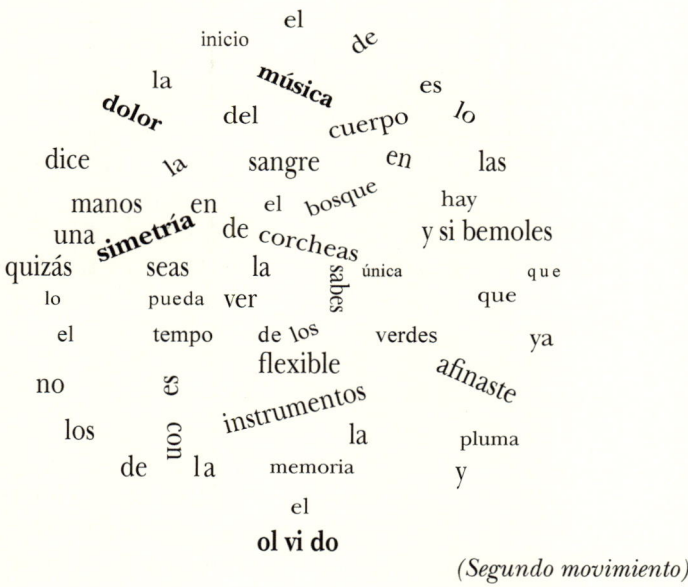

(Segundo movimiento)

El inicio de la música es dolor del cuerpo,

~~lo dice la sangre en las manos~~.

E
n   el
bosqu
e   hay
una
simetr
ía   de
corche
as y sI
BeMo-
Les.

Quizás, seas ~~la única que lo pueda ver. Sa-~~
~~bes que el tempo de los verdes~~ *ya [...], así que*
afinaste los instrumentos con la pluma ~~de la~~
~~memoria y el olvido.~~

Nos ^{sa}n^{grar}on las m$_a$n^{os}, pero la música salió y [...]

los frenazos de los autobuses,

~~la mala poesía de los epígonos~~

y

~~y~~

la bella cucaracha ~~corriera~~ (¿corriera?) por ~~lo dorado.~~

El mejor sólo lo hicieron los pájaros carpi$_{nte}$ros y

Charlie Parker

se
enrollo en el
~~caracol del~~
~~oído.~~

Si hubieras visto cómo la ORQUESTA nos hacía vivir los
ojos, veíamos cómo
caía el sudor de los músicos en la melodía.

y todo   **tamboril del niño.**
acababa con el pequeño

Qué bien lo habíamos pasado y   cuánta verdad.

lAS Palabras Alguna Vez NOS HACEN CASO.   Sabemos de la usura

de los reyes

y los mercados ^{PASA}$_N$ y pa$_{san}$.

A nosotros nos cayó
                                    la técnica de rasgar
las cuerdas   ~~del vértigo y la altura~~

(Tercer movimiento)

La raíz de la música es dolor
del cuerpo,
lo señala la sangre de las manos.

En el bosque concurre
aquella simetría
de corcheas y si bemoles.
Quizás, seas la única
que lo puedas mirar.

Sabes que el tempo
de los verdes ya no es flexible,
así que con la pluma
de la memoria y el olvido
afinaste los instrumentos.

Nos sangraron las manos,
pero la música salió
y salieron las enganchadas
de las llaves con nuestras puertas,
los resbalones de aquel joven,
la nefasta poesía de los epígonos
y la coqueta cucaracha
con su paseo por tus días.
Concibieron los pájaros carpinteros
el mejor solo
y Charlie Parker se enrolló
en el caracol del oído.

Si hubieras contemplado cómo
la orquesta nos hacía
vivir nuestra mirada,

> observábamos cómo
> descendía el sudor
> de los músicos hacia
> la fugaz melodía.
>
> Y todo terminaba
> con el pequeño tamboril del niño.
> ¡Qué bien
> lo habíamos pasado!
> y ¡cuánta verdad hubo entonces!
>
> Alguna vez nos hacen caso
> las palabras y las amamos.

Desde un inicio debemos decir que hubo una influencia de un tipo de metodología en la creación de la Poesía Especular, me refiero al aprendizaje por error. De hecho, debemos apuntar que esta propuesta poética tiene su base en el error. Y es que el esbozo, la reescritura, la variante, en sí, son fallos, residuos, que inmediatamente se esconden y se olvidan. Supuestamente, la gran literatura resulta el gran acierto del lenguaje. Digo supuestamente porque nos llegan los mejores a través de libros de texto, manuales u otras textualidades de este tipo, y uno empieza a sospechar que no es así. Pero estamos con los errores junto a los posibles aciertos, las antesalas del poema junto al poema. Error igual a castigo, acierto a aplauso. Nos gusta darle la vuelta a lo habitual y así, la errancia supone una entrada en lo creativo-escritural. Una manera de escribir diferente lleva una manera de trabajar la poesía.

NUESTRA PRIMERA JUVENTUD POÉTICA

El inicio de todo esto de la Poesía Especular, de la Poesía *non finito*, reside en Juan Ramón Jiménez y el siguiente camino suyo: que el proceso de reescritura se manifieste como un modo de escritura. Una obra llena de trasvases, de búsquedas, de intentos de perfección. La reescritura siempre es

una vacilación y también, una tentativa de acomodar la idea
a la realidad. La palabra justa que se rehace: ¿y si ponemos
la escritura final junto a la reescritura? Uno tuvo este pensamiento desde que empezó a leer al poeta de Moguer cuando
tenía dieciséis años, pero en aquel entonces era imposible
este atrevimiento por madurez de lecturas y vivencias. Más
tarde, cuando tenía veintitantos, seguí con esta idea; sin embargo, en este caso, la autocensura fue mucho más eficaz
que la censura (el arranque no vendría hasta *Inclinación al
envés*, *El primer día* y *Testigos de la utopía*). Como he dicho y
subrayo, en Juan Ramón Jiménez surgió la matriz de nuestra
propuesta.

Pero de aquí se tomó algo esencial: la mezcla de prosa y
poema; además del estiramiento en sus consiguientes transiciones y de llevarlo al extremo siguiente: el poema en prosa
que se va haciendo versículo, que se va haciendo verso libre,
que se va haciendo lira y viceversa. Esto lo vimos de una manera potencial en *Diario de un poeta recién casado* (1995). ¿Y
cuál es el movimiento de todo esto? Pues el mismo que el
de ese libro, el mismo que el de nuestra Poesía Especular/
non finito, el de irradiar el flujo de un corazón, la propia vida
hecha poesía.

LOS SEÑORES DE LOS EXPERIMENTOS

Es curioso que cuando uno lanza una propuesta, la mayoría se la tomen como un arma arrojadiza, un insulto, un
ejercicio de narcisismo, de fanfarronería o de engreimiento.
Nada más lejos de mí toda esta faramalla. Sigamos. Y sí, desde
la cercanía de nuestra tradición, tenemos a Joan Brossa y su
enseñanza: que en cada cosa hay una metáfora encubierta y
necesita ser destapada a través del transcurso de la creación
poética (esa es también nuestra visión). Esta fue una de las
asignaturas que nos tomamos más en serio. El contacto con
el mundo Brossa estuvo en *Posteatro*, y uno no sabía muy bien
si era teatro o era poesía, duda que calentó nuestros versos.
A partir de aquí decidimos utilizar el diálogo y otros medios

teatrales como las acotaciones, los apartes o el diálogo, modo
de oralidad en el poema, de ejercitar el coro griego y el mo-
nólogo interior (ir cogiendo de aquí y de allá para conectar
nuestra manera de decir con nuestra manera de crear).

En esta charla con nuestros clásicos (con algunos, no todos, hay más antecedentes), un lugar central lo ocupa Francisco Pino y su *Antisalmos* (1978). Hay veces que uno no está
preparado para una lectura y lo que nos queda es un polvillo
de estrellas; echando la vista atrás es lo que me ocurrió allá
por 2001. Este poeta representa ese ir más allá de las vanguardias que le habían precedido. Jorge Guillén lo delimitó acer-
tadamente como «El poeta más vanguardista de la poesía española». Aquí tenemos una modernidad excepcional, la cual
pasa prácticamente desapercibida en su momento. *Antisalmos*
adelanta la Poesía Especular, esa que agujerea el poema, esa
que abre el discurso y se ramifica y explota. Ese libro es uno
de los mayores cortes en la tradición española, sin embargo,
es un poemario que en su momento no crea tradición o al
menos no con la contundencia necesaria. Francisco Pino ya
tenía una veta de asceta en la cual le acompañaban san Juan
de la Cruz y fray Luis de León, y en ese libro les da la vuelta,
los pone boca abajo para mirar esa abertura al final de la página. Todo un logro y una referencia que se pondrá en su sitio
(si la mayoría no decide seguir con la inercia canónica). Por
nuestra parte, vimos claro el camino, pero no nos atrevimos
hasta *Inclinación al envés*.

Dos ejes

Pero para alzar la casa se necesitan otros cimientos, alguna vez he aludido a la antología *Las ínsulas extrañas*, la cual
me regaló allá por 2004 mi madre. Mi primera intención de
romper la linealidad del poema fue la de crear vasos comunicantes en los mismos, por ejemplo, que un texto poético se
convirtiese en relato, en una tanda de aforismos o en un diálogo teatral, es decir, buscar un significado oculto en esas textualidades. En esas ínsulas extrañas conocí la poesía de José

Miguel Ullán y también a otros poetas fundamentales para
mí como Héctor Viel Temperley, María Auxiliadora Álvarez o
Maurizio Medo. Una vez entramos en contacto con Ullán me
decidí ahondar en él y allí vi sus tachones, subrayados, cajas
de prosa (en palabras de Miguel Casado), caracteres chinos,
páginas en blanco, dibujos, etc. Ya tenía algunas piezas, pero
no sabía cómo encajarlas y todo ese arsenal ullaniano me re-
sultó útil para empezar a componer nuestro non finito. Había
intuición, pero no consumación.

No soy muy dado a las antologías, la mayoría me parecen
simples artefactos publicitarios amañados; pero otra que me
marcó, como he comentado, fue *Pulir huesos*. Esta colección
es mucho más compacta, más generacional (1950-1965 es
el arco temporal en el que entran los seleccionados) y, por
lo tanto, con menos variables; sin embargo, sí muy sabrosa.
Me quedo —siguiendo el orden del antologador— con Paulo de Jolly y con su fragmentación del discurso tan audaz,
con esa elección de un tema ¿extravagante? (¿chifladura?,
¿ironía?...); me quedo con la fuerza poética de Mario Montalbetti y Tedi López Mills; o con las bifurcaciones de Rolando Sánchez Mejías y Enrique Bacci. Más capas para nuestra
geografía terrestre.

ACTUALIDAD POÉTICA/SAZÓN DE SIEMPRE

También en 2005 llega a mis manos un libro esencial en
mi formación poética, *Matar a Platón* de Chantal Maillard.
Para mí es uno de los libros capitales de la poesía de las
últimas décadas. Aquí encontré lo que venía buscando, esa
apertura del poema, ese flujo bífido que separa la palabra.
Todo poema que se rompe no surge de un acto insustancial,
pueril o vacío. En todo poema fugado, limado o roturado,
en su centro mismo, hay una vivencia extrema. Este libro la
tiene y la expresa de una manera excepcional (asimismo,
otro poemario de otro poeta de esta generación a destacar
es *Insumisión* de Eduardo Moga). Progresivamente, se dis-
ponen esos acontecimientos que resumen los instantes en

eternidades. Fueron esos subtítulos, esas anotaciones sin ser notas a pie de página, esa historia paralela la que me abrió a un espacio nuevo. Pero no solo aquí quedó la mina, el oro líquido siguió fluyendo a través de otra manera de hacer, esencial para *Un adiós abierto*. Concreto brevemente: la segunda parte de *Matar a Platón* contiene una de las bases esenciales para esos dos últimos libros de poemas: «Escribir», un extenso poema con esa estructura reiterativa en la cual vimos un modo de reescritura sencilla y limpia[61], un modo en que el libro se va haciendo con la lectura.

En cuanto a Leopoldo María Panero debemos decir que fue uno de los primeros poetas de la generación del 70 que leí, quizás, el primero que conocí y a quien más admiro. En mi biografía poética y visual observo a nuestro querido le *fou* en la entrevista con Sánchez Dragó, aquel diciembre en Palma de Mallorca con mi madre, quien me preguntaba desde un temor seco si yo acabaría así. Y más allá en el tiempo, observo el documental *El desencanto* en aquel coloquio universitario sobre escritura marginal y la idea de una obra que se va haciendo mientras el lector la lee (obra siempreviva). Pero quedémonos en lo importante: con el uso de las notas y de la reescritura (otros autores que nos interesan como Luis Antonio de Villena o Luis Alberto de Cuenca también utilizaron de manera esporádica esos medios). Ya Túa Blesa en su edición de *Perversiones* (2011) y *Teoría lautreamontiana del plagio* (1999) explica la teoría de la traducción de Panero, la cual

---

[61] Una de las cuestiones poéticas que me he planteado durante este tiempo es que todo ese barroco textual, ese modo de romper el poema (a través de marginalias, notas a pie de página, tachados, barras, diferentes tipografías, mezcla de textualidades genéricas, llaves, poemas dentro de poemas, poemas partidos, saltos de página, bocetos, mezcla de fechas y de lugares, autoplagios, versiones, reescrituras, distintos finales, acotaciones, injertos, intertextos, versos excluidos o anexos) se desenvuelva desde una base retórica metatextual: lecturas conjeturadas, subtextos, esbozos, prelectura, intratextos... Esto es algo que reformulamos con la plaquette, *Anotaciones Cardinales* (2019), que contamos en el ensayo, *Cuaderno de Sombrario* (2020) y que hemos asentado de una forma más clara con *Un adiós abierto*.

sirve para asentar aún más nuestra poética: la confrontación y superación del original a través de la huida de la literalidad; la *amplificatio* en cuanto al aumento de significaciones. La lectura como reescritura, como perversión del texto, en el cual se difuminan la ambivalencia autor/lector. Esta abertura del texto, como ya hemos comentado en otras ocasiones, tiene una estrecha relación con la identitaria. En este punto buscamos un nuevo rostro del yo y una reescritura de ese falso *self* que se ha ido gestando, unas veces, siendo conscientes, otras, de manera indirecta. Con nuestros heterónimos[62] Luis Yarza, Óscar de la Torre, Pablo Gaudet y Jimena Alba (más los últimos en salir, Horacio Alba y Rafael Fuentes) también se expanden las significaciones y la identidad se amplía hasta ser completada (como otra forma de fuga). Asimismo, Leopoldo María Panero se dio al nomadeo por la otredad, de hecho, fue uno de los mayores destructores del nombre propio y nosotros quisimos volatilizarnos de la misma manera.

LA EXPLOSIÓN O COMO SER UNO MISMO

En 2013 el profesor y escritor César Nicolás me entrega el ensayo de Túa Blesa *Logofagias. Los trazos del silencio* y como hemos comentado decidimos usarlo como premisa informativa, ya ejemplificada en *Limados. La ruptura textual en la última poesía española*. En este ensayo se recopila una manera lírica de hablar, un compendio de una serie de autores desterrados al olvido por no entrar en lo generacional. Recordamos que *Logofabias* muestra la reforma de un ámbito retórico novedoso y enterrado. La base de la Poesía *non finito*/especular tiene su raíz en esta retórica. Con este modo de hablar persuadimos al lenguaje poético para que se descubra su genética, para que sea verosímil y sin simulacros, desnudo en su más extrema desnudez. Nosotros nos tomamos esta referencia como una serie de orientaciones y

---

[62] La ruptura textual o rotura del discurso tiene su equivalente identitario, en nuestro caso, en los heterónimos. Las vidas posibles de un poema tienen su igualdad en las vías probables de una existencia.

reglas de carácter estético que acomodan una forma de hacer poesía. Desde un punto de vista genético y por nuestra parte, nos fijamos principalmente en las etapas de producción del texto y, en concreto, en su invención y elaboración. Pero no solo hacía falta una retórica sino también un *kairos*, es decir, lo oportuno. Había que casar lo abstracto, mostrar el proceso con lo preciso… la forma en que leemos y escribimos. El nexo fue en gran medida estos tropos y sus proyecciones. El ornato ya no es tal, sino que es esencia (algo fundamental desde nuestra raíz barroca).

Allí conocimos a poetas como Eduardo Hervás, Eduardo Haro, Ignacio Prat o Luis Martínez Merlo. Todo su contexto fue ampliado por *Culpables por la literatura. Imaginación política y contracultura en la transición española*, un ensayo estupendo de Germán Labrador[63]. Nos quedamos con unas palabras de Eduardo Hervás que dicen así (para seguir rematando nuestra poética): «Recoger el lenguaje y deshacerlo,/descubrirlo, amasarlo, sanearlo».

LA BASE Y EL PILAR

Siempre hemos gustado de los dos caudales de la poesía, ese que va más por el lado irracional y el otro que fluye más por el lado realista, división simple pero estructuralmente clara (así lo partía también Dámaso Alonso). Desde ambos lados hemos escrito y hemos pasado también por sus intermedios. Pudieran pensar que nuestra creación poética se inclina más al lado oscuro, pero parte de esta visión lírica y heteronímica, sobre todo, la de Jimena Alba, ha bebido de poetas como José Moreno Villa, José María Fonollosa, Nicanor Parra, Jaime Gil de Biedma, Juan Luis Panero, Roger Wolfe o Benjamín Prado. En esos extremos de lo irracional *vs* realista, tenemos la base y el pilar latinoamericano (argentino) o viceversa: Leónidas Lamborghini y Héctor Viel Temperley. Abro por un momento *Crónica, crítica y muerte de un heterónimo* de mi otredad Óscar de la Torre y leo:

---

[63] LABRADOR, Germán, *Culpables por la literatura. Imaginación política y contracultura en la transición española*, Madrid, Akal, 2017.

Quedémonos con Leónidas Lamborghini para su cruce comparado con Viel Temperley, y pongamos el punto de la encrucijada en los dos libros que más nos interesan: *Las Reescrituras* (1996) y *Hospital Británico (*1986). Perfilemos el centro que más nos atrae: el poder de lo reescrito. Lo diremos de una manera poco académica mediante la señalización de los puntos comunes de ambos libros: El nexo de la intrahistoria textual, del desgarre de miembros. Del nosotros emanamos. Conozcamos los estadios del propio retorno poético, pues hay que cuidar la raíz de cada existencia. Sístole y diástole del tiempo en medio de hacerse otro. Elegimos el escándalo: el poema con variantes —verdad, querido Valéry—; fuera de la opinión vulgar, la historia de la gestación del poema y de ese poema con otros del mismo autor u otros autores. A veces, esta historia es más interesante que la propia obra. Visión del mundo hacia dentro, la escritura como práctica del trabajo y del juego. El estudio de los borradores como obra. Cambiar el movimiento del libro, el movimiento habitual: trasladar el punto de atención del escrito a la escritura de la escritura. La Génesis escrita, la Génesis definitiva: el producto inacabado junto al producto acabado, autosuficiente e insuficiente: los extremos en exceso: la posibilidad plena: la plenitud de la posibilidad: el estado naciente. Observamos el dinamismo, pero nacido de lo por venir. La Nación progresiva y la aventura de la metamorfosis; se trata, por tanto, del principio en cuanto empuje. Las vastas series de versos *non finito*. Las hipótesis de las expectativas, las conjeturas interpretativas de sí mismo y la densidad de aquello que tiene que llegar... aquello que no debe parar ni terminar [...].

(2022, p. 234)

Todas estas observaciones cuadran con la razón de ser de la escritura de Héctor Viel Temperley y de Leónidas Lamborghini, con sus interiores; pero el exterior es diferente. Ambos representan ejemplos, ya sea para bien o para mal, de que una intervención muy activa o no, en el ámbito literario y cultural, crea una determinada recepción, una vida crítica y un trato crítico y educativo propicios (o no). Allende estas cuestiones están los textos y el tiempo, y en Leónidas Lamborghini, poeta que desde

el inicio sí tuvo una recepción satisfactoria y una integración so-
cioliteraria acogedora. Hay que tener en cuenta que *Reescrituras*
aparece en 1996; aunque el asunto de la reelaboración ya venía
de lejos con *Verme y 11 reescrituras de Discépolo* (1988) y más alejado
con *La canción de Buenos Aires. Responso para porteños. Tango-Blues*
(1968). Esencialmente, esas *Reescrituras* consisten en una colección de las más importantes reelaboraciones a modo de suma
poética. En la palabra «parodia» y en este ejercicio poético caben
todas estas definiciones: imitación, remedo, caricatura, simula-
cro, copia, representación y calco (intertexto). Para Lamborghini, su propia poesía radicaba en un cruce de cita y de parodia; en
lo propio, en sitios de frontera, en apropiaciones de uno mismo
y del otro (enlazados, ya sin saber dónde acaba aquello y dónde acaba esto); en lo sentimental, una manera de hacer memoria. Pero el nexo común será *Carroña última forma* (2001) en el
cual se produce esa construcción del libro de poemas a base de
fragmentos de otros, de rehechuras del antes, de soldadura de
una vida poética. Esta vía entronca perfectamente con la suma
poética de Viel Temperley (quien no tuvo ninguna recepción y
pasó desapercibido), cuya aportación central podemos trazarla
mediante la siguiente línea: «Tratándose de un trabajo de recor-
te, acoplamiento y ensamblaje, donde el texto, por momentos,
es extraído de otros anteriores, modificando su sentido en un
nuevo conjunto (aunque no es forzoso que así sea) mediante la
práctica del montaje» (Hernández, 2014). La vida de Viel Temperley y la de su escritura se juntan y encajan sin mácula en *Hospital Británico*. La memoria y las rémoras del repaso se igualan a
ese ejercicio de montaje de autoplagios y nuevos injertos. Aquí
está su transgresión, su ruptura, el centro de su excelencia.

VOLVEMOS A LA SOGA: ¿QUÉ ES LA POESÍA ESPECULAR?

Pero puede ser que algunos se sigan preguntando: ¿Qué
es la Poesía Especular? Pues romper el poema central (aguje-
rearlo) para ampliar la construcción de sus significados mediante toda esa retórica de fugas mencionada anteriormente. Nos reafirmamos: mostrar el todo del poema de todas las

maneras; valorar la erosión de la poda reside realmente en valorar el apogeo de ser otros (en el texto y en la identidad), la alegría de crear desde lo amorfo, desde lo imperfecto. A partir de este camino nos identificamos con las siguientes palabras de Blanchot: «Leer, escribir, tal como se vive bajo la vigilancia del desastre: [...]. Escribir puede tener al menos este sentido: gastar los errores. [...] escribir en la interdicción de leer» (2015, p. 7). Nuestra Poesía Especular reside en la consideración del error como elemento creativo visible.

Y algunos volverán a levantar la ceja: pero ¿qué dice este? ¿Qué es la Poesía Especular? Y digo: Juntar lo hecho y lo deshecho, la escritura y la reescritura. Irse del poema lineal, del regalito empaquetado como si no ocurriera nada más. Poner los esbozos junto al resultado final, reunir las posibilidades junto al cierre, aquello que está en proceso y el telón. Así, la oposición de lo primario/secundario salta por los aires al igual que cuestiones como linealidad o cierre. ¡Y ojo!, toda esta propuesta (y su retórica) puede utilizarse tanto para poéticas inclinadas a un lenguaje claro como a uno más oscuro. ¡Y ojo!, esto no es metapoesía (ni mucho menos esas poéticas del silencio, minimalista o neopuristas, a las cuales respetamos enormemente) no, no es lo mismo reflexionar sobre cómo se hace una silla, que reflejar cómo se hace. En fin, nada nuevo, pero sí, muy, muy distinto.

LA FRONTERA COMO POÉTICA

Durante los últimos años se ha atestiguado una evolución significativa en el panorama de la poesía en español. Este cambio se ha manifestado tras un progresivo debilitamiento de las poéticas realistas, silenciarias y eclécticas, que, durante dos décadas, comprendidas entre 1995 y 2015, experimentaron un deterioro continuado. Esta transición ha dado paso a un conjunto de dinámicas que han desempeñado un papel crucial al infundir una nueva vitalidad que se presenta como más imperativa que nunca. Este fenómeno inevitable se encuentra motivado por una serie de circunstancias y trayectorias que han intervenido en diversos frentes. En un principio, la emergencia de estas poéticas del afuera ha estado marcada por el establecimiento de un diálogo entre creadores de diferentes latitudes, particularmente de América Latina y España, que abarcan diversas edades y enfoques poéticos. Este diálogo no se ha limitado a conversaciones informales, sino que se ha basado en textos teóricos, la participación en congresos especializados y la inclusión de obras en antologías literarias. Esta convergencia de factores ha generado un contexto actual de singular interés y relevancia, propiciando un momento idóneo para llevar a cabo un análisis de la recepción inicial de la Poesía Especular en las primeras dos décadas años de este siglo XXI; así como las conexiones con otras referencias.

Este recorrido se inicia con *Medusario*[64], volumen publicado en México, en 1996, mediante el Fondo de Cultura Económica, en Argentina allá por 2010 y que en 2016 ha sido reditado por la editorial hispano-chilena RIL, rememorando el vigésimo cumpleaños de su publicación. En palabras de uno de los prologuistas: «*Medusario* es una muestra de poesía neobarroca, una reacción tanto contra la vanguardia como contra el coloquialismo más o menos comprometido» (Echevarren, Kozer y Sefamí, 2016, p. 14). Y aquí está uno de los puntos de convergencia: el de marchar contra la vanguardia entendida como fuego artificial, es decir, como rupturismo sin justificación, huero o remodelado. Tanto el neobarroco como la Poesía Especular toman de los actos vanguardistas el afán por la experimentación y conquistan ese deseo de tanteo, de intento. Explorar y desafiar las nociones de error, fracaso y la falta de cierre definitivo se presentan como alternativas incontestables para ambas corrientes poéticas, aunque es crucial destacar que estas exploraciones se llevan a cabo de manera distinta en cada una de ellas. De igual modo, cabe añadir la búsqueda expresiva circular, en espiral, de los intersticios textuales/espaciales, la invención de códigos en fuga o los encuentros con la rotura retórica.

Estos elementos legitiman estos dos discursos complementarios, los cuales entran en conexión por la lectura que hace el escritor uruguayo Eduardo Espina[65] a raíz de la salida de la muestra *Limados. La ruptura textual en la última poesía española*. Eduardo Espina destaca como uno de los principales promotores de la tendencia especular en el contexto latinoamericano, siendo uno de los pioneros de los movimientos neobarrocos rioplatenses, junto con Néstor Perlongher a finales de la década de los setenta. Este fenómeno neobarro-

---

[64] ECHAVARREN, Roberto, KOZER, José, y SEFAMÍ, Jacobo, *Medusario. Muestra de poesía latinoamericana*, Santiago de Chile, RIL Editores, 2016.

[65] ESPINA, Eduardo, *Limados. La ruptura textual en la última poesía española*. 28 de julio de 2017. URL: https://www.elobservador.com.uy/?nogeoredirect [03-06-2022].

co ha influido en corrientes posteriores de la misma índole. En el ámbito español, críticos como Antonio Ortega y Marco Antonio Núñez han desempeñado un papel fundamental en la promoción de esta poética. Entre sus contribuciones se incluye la muestra *Desobediencia y Poéticas del afuera*[66] (Ortega y Núñez, 2025, en prensa). Por otra parte, en el contexto español, el poeta Francisco Layna (2017) ha evidenciado un marcado interés en *Medusario* y las posibles ramificaciones que esta obra conlleva. Este interés se manifiesta en una entrevista que se llevó a cabo con algunos de los miembros y antólogos de esta obra, lo que refleja la atención que ha suscitado en dicho entorno literario. Es importante destacar que el neobarroco llegó a España en una etapa posterior en comparación con otras corrientes literarias. Durante esas décadas, la atención se centraba en movimientos realistas y otras tendencias, lo que resulta en un desarrollo relativamente tardío de esta tendencia neobarroca[67].

---

[66] LÓPEZ ANDRADA, Concepción y KATAN, Carlos (coords.), *Poéticas del afuera*, prólogo de Antonio Ortega y Marco Antonio Núñez, Madrid, Editorial Dilema, 2025.

[67] Es importante aclarar que, en gran medida y como hemos dicho, esta parte se centrará en identificar conexiones y puntos de intersección entre la *Poesía Especular* y otras poéticas. Esto nos lleva a establecer una distinción crucial entre antecedentes e influencias. Al emplear el término antecedentes, nos referimos a referencias y precedentes que, si bien han contribuido al desarrollo de la Poesía Especular, no constituyen su esencia, base o modelo. Más bien, son caminos previos que han contribuido a su construcción. En contraste, cuando hablamos de influencias en el ámbito literario, entendemos que, en el mejor de los casos, estas pueden añadir matices nuevos, inflexiones, pensamientos o tonos personales al flujo de la poesía. La búsqueda de antecedentes es típica de reformadores, y en las páginas siguientes demostraremos que los y las poetas especulares representan una mutación en la evolución literaria. Por otro lado, la influencia suele ser relevante para aquellos que buscan similitudes y continuidades, lo que denominamos vetas continuistas. Un ejemplo de esas conexiones reside entre la Poesía Especular y la Poesía del Lenguaje estadounidense, con referencias que incluyen a figuras como Charles Bernstein.

Mapeando un campo poético: de la antología a la muestra

En el ámbito de las selecciones poéticas hay una concurrencia definitoria: la denominación de muestra en lugar de antología. Este cambio de nomenclatura se basa en la percepción de que el término antología conlleva connotaciones que a menudo implican manipulaciones, exclusiones, fines publicitarios y otros tipos de alteraciones. Al analizar cualquier tipo de selección poética, surge la pregunta fundamental: ¿Qué propone? Un ejemplo claro de esto se manifiesta en la comentada muestra *Limados*. Esta selección no solo responde a una tendencia que había estado emergiendo en varios artefactos textuales durante un período considerable de tiempo, marcando así el cierre de la etapa de la Generación de la Democracia en España, cuya influencia continuaba ejerciendo un fuerte atractivo en la generación más reciente de poetas.

El concepto resumido en estos puntos, además de la selección de poetas en cuestión, se sintetiza en los dos principios fundamentales que rigen esta perspectiva poética: «El proceso es el fin» y «Crear es interpretar». Recordamos que el primero de ellos remite a la necesidad de dar cuenta de la poesía como transcurso y transformación incesante; se pretende sacar el antes, el durante y el después del poema, así como las identidades que lleva dentro. El segundo responde a varias preguntas: ¿Cuándo se da por terminada una obra?; ¿confluyen aquí el transcurso de la producción poética, la creación textual y la recepción lectora? Al crear ¿qué se descifra? ¿Este tipo de poesía traza por primera vez un viaje de ida y vuelta entre la propia lectura y la propia escritura? La poesía se vuelve comunicación, aunque al mostrar el desarrollo se vuelve conocimiento *intra*, trasvase y conjunción de desperfectos y posibles perfecciones; un poema puede quedar limitado a la transmisión de una metamorfosis anterior; sin embargo, con la Poesía Especular adquiere un matiz proyectado, abierto y expansivo. El poema trasciende los límites de un espacio definido a través de diversos métodos destinados a alcanzar efectos particulares. En este proceso, la lectura se diversifica y se expande; el texto se transforma de una forma lineal a una entidad dual y simultánea, que progresa y retrocede, llegando incluso a tener elementos aleatorios. La ampliación de un texto que previamente era considerado lineal hacia una multiplicidad de significados genera transformaciones que requieren que el lector participe de manera activa al reinterpretar y reconfigurar, contribuyendo a la creación del poema[68].

Otro momento de definición de esta tendencia ha sido la antología *Desobediencia* donde es posible aplicar esta terminología porque hay una veta más programática por generacional y que se ha especificado en el esclarecimiento de cuatro vías creativas: Poesía *non finito*, Intrapoesía, Poesía Especular y Poesía de la otredad. La primera de ellas se incardina en la siguiente percepción: «el diálogo entre el texto y los antetextos (aquí en cuanto a que el camino creativo resulta lo visible: reescrituras, bocetos, etc); entre las obras y las anteobras (en este caso, entre lo que es y lo que pudiera haber sido, [...]» (De la Torre y Núñez, 2020, p. 21). La segunda opción se ha perfilado, además, en otros textos ensayísticos como *El último manifiesto,* la cual puede ser sintetizada como la transmutación de la crítica literaria en un acto de creación poética, la elevación de la lógica al canto, y la equiparación del discurso analítico con el discurso lírico. Este enfoque subraya la intersección y convergencia de los aspectos analíticos y creativos del lenguaje. La tercera propuesta se contempla no tanto como un poema dentro del poema o una manifestación de metapoesía, sino más bien como una exhibición de imágenes, una búsqueda de las facetas subyacentes del poema o una traducción de las múltiples capas de los marcos referenciales. Estos marcos se desplazan a través de una secuencia de

---

[68]   MORA, Vicente Luis, «Discontinuidades formales en la poesía española contemporánea: de la disrupción a la textovisualidad», *Revista Laboratorio*, 18(2019), pp. 1-34.

encuadres sucesivos y autoinclusivos. Este enfoque enfatiza la idea de explorar las conexiones entre imágenes y referencias, desdibujando las fronteras entre los diferentes niveles del discurso poético. La cuarta suma se refiere a los desplazamientos de las diferentes personas poéticas, de los diálogos de las distintas identidades que hacen o completan el poema, he aquí lo diferente: que se les da voz propia a editores, amistades, lectores, etc.

Es importante destacar en relación a esta difusión latinoamericana que esas muestras de poesía fueron objeto de análisis y discusión durante el *Seminario sobre Didáctica de la Poesía* que tuvo lugar en la Universidad Iberoamericana en Ciudad de México, el 27 de octubre de 2022. Universidad en la que este año 2025 hemos impartido tres charlas sobre Poesía Especular y otra en la Biblioteca Benemérita de Costa Rica. Además, previamente, como parte de iniciativas para promover la investigación, se organizaron coloquios, como el evento *Transversales* en Cáceres, celebrado sucesivamente en 2016, 2017, 2019, 2021, 2024 y 2025. En estos coloquios participaron destacados académicos y poetas como Eduardo Espina, Vicente Luis Mora o Ángel Cerviño, entre otros. Durante estos encuentros se abordaron cuestiones fundamentales que abarcaron desde la propia poética especular pasando por otros asuntos como el canon, el de generación o actualidad lírica.

Hay que remarcar que la configuración de un campo creativo se presenta como un desafío de extrema complejidad significativa; en la actualidad, el foco de interés se dirige hacia *Poéticas del afuera*. Y nos preguntamos: ¿Qué se ha ejecutado en este ensayo-antología? Pues ha consistido en la selección de poetas que comparten afinidad con la corriente de la Poesía Especular y que se dedican a reflexionar sobre la génesis de sus concepciones, específicamente, en cuanto a su poética, un terreno que a menudo ha sido menospreciado por los poetas. Los convocados fueron Agustín Fernández Mallo, Vicente Luis Mora, Marcos Canteli, Sandra Santana, Julio César Galán, Juan Andrés García Román, Mario Martín Gijón y

Lola Nieto. Con las excepciones de Sandra Santana y Agustín Fernández Mallo, los demás poetas han sido seleccionados en los otros compendios. La inclusión del poeta mallorquín se justifica principalmente a partir de dos percepciones. La primera de estas se basa en la observación de una serie de fugas textuales que se manifiestan en sus poemas y, en particular, en la clara proposición de una retórica de la ruptura. La segunda percepción se relaciona con un grupo de poetas nacidos entre 1970 y 1985[69], un rango de años que hemos ampliado por dichas razones. De manera análoga, podría extenderse hacia arriba para incluir a poetas como Berta García Faet o Ángela Segovia, figuras literarias afines, quienes inician propuestas arraigadas en reflexiones líricas de largo alcance y que incorporan elementos ensayísticos y poéticos. Mientras que Sandra Santana se inscribe en la esfera de una poesía que hereda notables influencias y profundamente entrelazada con las miradas de Eduardo Milán, Chantal Maillard o Esperanza López Parada.

Así que esa visión de nula o escasa convulsión o interrupción, de insuficiente apertura de espacios, por la querencia de no alzar mucho la voz resulta una de las maneras de actuar en el contexto literario de gran parte de los poetas de ese periodo cronológico; recordamos la hornada de poetas

---

[69]   Este arco de edad se relaciona con esa cuestión temporal de abarcar un periodo más o menos similar en cuanto a nacimiento y cuya proyección se instaura en la publicación de sus primeros libros desde finales de los noventa hasta la actualidad. Tenemos que dejar claro que somos contrarios a continuar con un sistema de clasificación generacional (con asuntos demoledores por degradados, como el de esas antologías sin ninguna propuesta clara, más allá de una acumulación de poetas; sin ningún tipo de justificación o muy escasa o tendenciosa, entre otras actitudes). Dejamos a un lado otros asuntos tópicos en este sentido como el de la amistad, la misma educación recibida o los mismos maestros/as. Por eso, en *Poéticas del afuera* tan solo se establece un parámetro cronológico orientativo ya que los editores se rigen por dos cuestiones que se relacionan: el concepto de aportación literaria (De la Torre, 2023) y por aquellos poetas o selecciones líricas que hacen propuestas.

nacidos entre 1970 a 1985 está aún por delimitar, a pesar de los diversos intentos de codificarla con algunas definiciones: X, 2000, los sin nombres, tectónica, promoción estancada... En este campo literario y cultural, la etiqueta más adecuada sería la de «engullida» (en gran parte) por la hornada anterior, que podemos conocer como la «generación tapón» en un tono irónico. Esta percepción se complementa con la adhesión a directrices grupales que incluyen la no rotura con las generaciones anteriores, la preferencia por mantener una voz moderada o media y el énfasis en la evolución en lugar de la ruptura. Estas directrices generan interrogantes sobre si esto equivale a una adhesión a la tradición, a una actitud tradicionalista o simplemente a una postura mayoritariamente continuista. En este entorno se promueve una actitud receptiva que no excluye ni se sitúa ni dentro ni fuera de ningún marco específico. Todo queda inoperante en su quietud. Asimismo, se evita la clasificación bajo una etiqueta generacional y se opta por fusionar cuatro o cinco enfoques previamente explorados, destacando los movimientos *neo-* de la década de los noventa, como el neosurrealismo, el neosimbolismo, el neorrealismo y el neoimpresionismo.

El intento de antologías canónicas ha quedado en muestrarios polvorientos e inanes de conocidos y agremiados, en ristras de nombres sin apenas justificación. Tal vez sea esta, junto con otras consideraciones, la causa de que la literatura haya quedado confinada, relegada y prácticamente ignorada en las páginas de los manuales educativos. Todo esto se asemeja con un constante zapeo o una experiencia culinaria rápida y sin sustancia (Doce, 2005, pp. 295-297). Habría que preguntarse aquí ¿si la transmisión de nombres al canon escolar y académico no se hace en una suerte de repetición acrítica, asistemática, líquida, incluso, superflua? Por encima de limitarse al entendimiento del panorama poético mediante antologías, fuentes culturales o Wikipedia, que a menudo proporcionan información limitada, sesgada y superficial, debemos forjar propuestas sólidas y coherentes. En este sentido, retomando la idea de vínculos transculturales entre la Poesía

Especular y la poesía contemporánea en Latinoamérica, podemos afirmar que, en las fuerzas de recepción, el ser escuchado resulta un buen retrato de la consideración como acto de cortesía y ley.

Ciertamente, en este contexto se hace imprescindible mencionar a dos poetas y sus respectivas publicaciones, las cuales han prestado especial atención a la tendencia que nos atañe. Estas revistas, conocidas como *Taller Igitur* y *Círculo de Poesía*, son dirigidas por los poetas mexicanos Fernando Salazar y Alí Calderón, respectivamente. Estos dos autores han demostrado un marcado interés por las corrientes poéticas más recientes y han proporcionado un espacio propicio para la difusión de material pertinente, incluyendo, como ilustración «Breviario de la Poesía Especular»[70], una concisa exposición de los aspectos más destacados de dicha corriente.

Además y para terminar este apartado tenemos que aludir a tres dosieres sobre la Poesía Especular, me refiero a los de las revistas *Quimera, Acápite* y *Aérea*. El primero de ellos titulado «Especulares» reúne las voces de Eduardo Espina, María Ángeles Pérez López, Concepción López Andrada, Joseba Buj, Juan Andrés García Román, Fernando Pérez, Óscar de la Torre, Mario Martín Gijón, Lola Nieto y un servidor, con textos que van desde poéticas propias hasta diversas conexiones e influencias. Por su parte, el de la segunda revista llevaba por título «Poesía Especular» con nombres que se van repitiendo como Antonio Ortega, Marco Antonio Núñez, Óscar de la Torre, Lola Nieto, Mario Martín y quien escribe. La universidad Iberoamericana a través de su revista *Acápite* fue la encargada de editarlo con sus tres ponencias en la mencionada universidad y con el mismo tema. La acogida fue muy buena. Y el último ha sido el de la revista *Aérea*, también titulado «Poesía Especular», que se

---

[70]   GALÁN, Julio César, *Breviario de la Poesía Especular*. 1 de julio de 2022. URL: https://circulodepoesia.com/2022/10/breviario-de-la-poesia-especular/ [30-10-2023].

abre paso a la américa especular[71] con nombres como el de los poetas mexicanos Jorge Posada y Raciel Quirinos, el peruano Santiago Vera, el argentino Marcelo Díaz y los españoles Mario Martín Gijón, Lola Nieto y el aquí presente.

Estos tres dosieres junto todo lo anterior más *Ensayos fronterizos* (2018), *Cuaderno de Sombrario, Correo a los editores* y *Poéticas del afuera* han supuesto la creación de espacio lírico, una cuarta vía dentro de la creación poética iberoamericana, que emerge con estilo propio, pero con una tradición detrás que asienta bien las bases.

Continuidades y alteraciones: un nuevo recorrido por antecedentes y legados literarios

Resulta de notable relevancia enfatizar una serie de figuras que ejemplifican de manera evidente los precursores de la Poesía Especular[72], a saber: los citados Héctor Viel Temperley y su libro *Hospital Británico*, Leónidas Lamborghini con sus *Reescrituras*, las aperturas líricas de Mario Montalbetti y Tedi López Mills o a las ramificaciones de Rolando Sánchez Mejías, Enrique Bacci y Coral Bracho. En el lado español, tenemos desde Juan Ramón Jiménez en *Diario de un poeta recién casado* o *Espacio*, a Francisco Pino en *Antisalmos* con su uso de las notas a pie de página como bifurcación del poema; a José-Miguel Ullán con sus ondulaciones de tachados, cajas, imágenes…, pasando por la bilocación de *Matar a Platón* de Chantal Maillard, las reformulaciones de *Perversiones y Teoría lautreamontiana del plagio* de Leopoldo María Panero o a Jaime Siles en *Canon* y Guillermo Carnero en *Variaciones y figuras sobre un tema de La Bruyère*. Y por supuesto, autores considerados "menores", pero que aquí cobran una dimensión seminal: Eduardo Hervás, Eduardo Haro Ibars, Ignacio Prat y Luis Martínez Merlo.

---

[71] KATAN, Carlos, *América especular*. 1 de julio de 2022. URL: https://www.youtube.com/watch?v=GCZcEbgKNsw&t=11s [10 de octubre de 2024].

[72] GALÁN, Julio César, «¿Qué es la poesía especular?», *Cuadernos Hispanoamericanos*, 853 (2022), pp.141-155.

Sin lugar a dudas y también a modo de recordatorio, un estudio trascendental en la evolución de la poesía española y latinoamericana es *Logofagias* de Túa Blesa. Este trabajo se distingue por su capacidad discursiva, ya que este cambio de paradigma se manifiesta principalmente a través de una amalgama retórica destinada a representar dicho proceso como un fin en sí mismo, marcando la conjunción entre antetextos y textos. Cabe resaltar que, aunque este giro se vislumbra previamente, ni el movimiento realista ni las tendencias centradas en el silencio (o sus híbridos) han abrazado plenamente estas propuestas logofágicas, pues sus retóricas no encajaban con estas trayectorias. El primer grupo se declaró abiertamente antivanguardista, como si la retórica de *Logofagias* no pudiera aplicarse al tapiz de las múltiples líneas claras (debiendo distinguir entre estratos lingüísticos y tropos); el segundo grupo, debido a su enfoque minimalista y metapoético se halla a distancia de la exuberancia del *non finito*, ya que su naturaleza sobria no se ajusta a la *poética logofágica*. En cuanto al análisis del lenguaje, resulta pertinente señalar que los poetas especulares, en lugar de inmiscuirse en la introspección reflexiva de los mecanismos del discurso, optan por una manifestación más tangible al representar el proceso mismo de la escritura, estableciendo de esta manera una distinción sustancial. En última instancia, el tercer conjunto de poetas puede ser convenientemente etiquetado como una compilación polimorfa y ecléctica, que abarca una gama heterogénea de tendencias, insertándose en un contexto propicio para la confección de pastiches artísticos. Tampoco aquí entra la poética que venimos comentando.

También a modo de recopilación vamos a decir que en el proceso de definir las características que singularizan a la Poesía Especular resulta adecuado contemplar, asimismo, otras fuentes de referencia, como dos antologías que se revelan como textos imprescindibles para comprender la evolución real de la poesía latinoamericana, nos referimos a la mencionadas *Las ínsulas extrañas* y *Pulir huesos*. En esta última tenemos la presencia de ese libro fundamental para entender una de las directrices de esta escritura en espejo: *Hospital Británico* de Héctor Viel Temperley y su ejercicio de enseñar las reescrituras, de amasar lo esbozado y ponerlo al lado de aquello que se hizo. Aquí se entrecruzan esquirlas de poemarios anteriores y nuevos límites poéticos engendrados por la enfermedad. Memoria y presente, desbordes de una vida que se va y se queda: «relectura y reescritura de su propia obra, *Hospital Británico* pueda leerse como una puesta al día de sus textos anteriores —principalmente, de los que siguen a *Carta de marear*» (Hernández, 2014). Es curioso que uno de los libros fundamentales, fundacionales de la poesía en lengua española quedara sepultado, como su autor, durante largo tiempo y que su onda no llegase a España hasta que se empezara a tratar en artículos, reediciones, estudios a partir de 2008.

Por otro lado, la poesía concreta brasileña influye en la Poesía Especular a través de una profunda conexión con lo visual. La traslación especular, en este sentido, se centra en representar la espacialidad de las palabras en los momentos iniciales de la creación poética. Aquí, nos encontramos en el núcleo mismo del proceso, en la antesala primordial, donde la formación de signos, imágenes, pensamientos, enfoques, exploraciones y posibilidades poéticas está en su etapa incipiente. La imprecisión de esa génesis entronca con la lírica carioca en cuanto a su querencia por lo pictórico[73]. Podemos añadir que, en relación a las diversas convergencias entre una y otra, la poesía concreta es una lírica, según sus propios representantes, más reflexiva en cuanto al trabajo con la espacialidad, con la estructura del poema y del libro, asunto central en la propuesta espejeante. Aquí, por parte de la Poesía Especular y

---

[73] En sí misma denominamos Poesía Especular como Poesía *non finito*. Esta definición conjunta se llevó a cabo en el ensayo *Correos a los editores*. *Poesía Especular/Poesía non finito*. Esta poética va justificando, a través de mensajes electrónicos, temas relacionados con la tradición, la retórica, la epigonalidad, etc, así como la propuesta mencionada. Anteriormente, la fuimos perfilando en otros libros como *Ensayos fronterizos. Entre el poema y la heteronima* o en *Cuaderno de Sombrario*.

para un primer movimiento procesual, entraría una reformulación del uso de materiales vanguardistas, neovanguardistas y experimentales como los caligramas o juegos tipográficos (un ejemplo lo tenemos en el aludido poema «Pequeña formación del universo»), de materiales de la mirada como la poesía visual, de la ecdótica al compás de una simbología crítica o de materiales digitales como la poesía hipertextual.

La Poesía Especular, en su función como expresión del proceso creativo, se encuentra en la necesidad de presentar, a través del uso de una retórica pragmática, la evolución lírica de sus universos poéticos. En este contexto, el desentrañamiento de la estructura subyacente se erige en un elemento crucial para el logro de sus objetivos estéticos. Al compararla con la poesía concreta, la cual propone, desde una de sus vías, la creación de poemas-objeto, se puede argumentar que estos poemas especulares-*non finito* se insertan en la categoría de lo preconstruido, funcionando como una representación visual de las etapas iniciales del proceso creativo. En otras palabras, algunos poetas especulares, en consonancia con los movimientos vanguardistas y sus respectivas revisiones contemporáneas, adoptan técnicas retóricas, como las observadas en el creacionismo, con un enfoque en la sucesión de imágenes y metáforas. Pero siempre con la finalidad de presentar el transcurso hacedor (importa más el origen y la corriente que el final). Una segunda fase del reflejo creativo del curso poético estaría más enfocada a esa marcha, a los intermedios del poema, el cual se queda comunicando. Estos intervalos se manifiestan con toda esa elocuencia logofágica de los años setenta (*ostracón*, lexicalización, *leucós, acab...*) que se reformula constantemente, desde una perspectiva objetiva, con un propósito recurrente. La tercera etapa, en la cual el poema puede considerarse como finalizado en su totalidad.

Pero hay que mirar para atrás y uno de los hechos destacables es que ese fuerte diálogo iberoamericano actual se viene abajo con el aislamiento cultural del franquismo y la mirada hacia arriba (en las décadas setenta, ochenta y noventa), más allá de los pirineos o en el lado estadounidense, en

lugar de seguir con la trabazón latina. Este distanciamiento
ha proseguido en la mayoría de poetas continuistas, nacidos
entre 1970 y 1985 (en la generación posterior también se da,
en gran parte, este continuismo). Lo mismo ha ocurrido con
la interrupción vanguardista. Si ya en su tiempo la cataloga-
ción del Postismo fue la de excentricidad o, peor aún, como
una anticuada supervivencia vanguardista. No muy distinto
fueron, por otra parte, los casos de Juan-Eduardo Cirlot o de
Francisco Pino, «cuya decidida práctica poética de vanguardia
hubo de adoptar la forma del secreto o de las ediciones con-
fidenciales» (Milán, Robayna, Valente y Varela, 2002, p. 23).

Esa visión ha llegado hasta nuestros días, con la excepción de la etapa novísima, pues los referentes han sido otros,
tanto para la Generación de la Democracia como para la posterior, cuya denominación no se ha resuelto aún. En relación
a la tradición, una cuestión clara reside en que las líneas continuistas siempre apuestan por las transiciones suaves y nunca
ponen en duda la autoridad. En este sentido, una ejemplificación ya clásica de la historiografía literaria la podemos ver
del siguiente modo: «el garcilasismo retoma la poética rena-
centista y el neorromanticismo hace lo propio con algunos
planteamientos románticos. Es más, proceden de sucesivas y
parciales recuperaciones de aspectos de esa tradición. Sin embargo, la vanguardia sí pone en duda, sí niega esos valores»
(Navas, 2004).

Durante esas décadas de los ochenta y noventa, hemos
vivido, en gran parte, una edad conservadora con estéticas
atrasadas (casi todas, con la excepción de algunos nombres
propios); y desde esta edad retrógrada, las vanguardias se han
visto como algo alejado de la vida, como ingenuidades, como
confeti o envejecidas modernidades, como literatura deshu-
manizada, en fin, carentes de interés.

Siguiendo con los antecedentes especulares (los cuales
enlazamos, en parte, con el itinerario de *Medusario*): en 1993,
Eduardo Espina publica uno de los libros de poemas vertebra-
les de la poesía hispanoamericana de las últimas décadas. A partir de ese año comienzan a circular los versos del libro *La caza*

nupcial[74]. Esa imaginación desbordante de la poesía de Espina rompe los límites del lenguaje a través de diversos mecanismos. El primero de ellos por visible lo hallamos en el quiebro de la sintaxis, con una ruptura zigzagueante, fluida y escurridiza, la cual disgrega el significado habitual de la palabra, haciéndola más completa, más calidoscópica. Se crea una serie de nudos entre versos que producen combinaciones de sentido y múlti-ples asociaciones de búsquedas autointerpretativas. El lenguaje se carga de mayor expresividad y saca al lector de la linealidad acostumbrada. Desvíos sintácticos que crean fugas y caminos convergentes llenos de recursos simbólicos, retóricos y métri-cos inclinados hacia lo concéntrico, expansivo y proteico; ge-nerando espacios múltiples e interactivos, heterogéneos y ten-sionados. Ya en *Eduardo Espina. Poesía del deslenguaje*, Enrique Mallén[75] se afirma con certeza lo siguiente: «Los nuevos poetas intentan liberar al significado de sus restricciones mediante una previa eliminación de nuestras preconcepciones y preocu-paciones sobre el mismo» (2019, p. 93).

Es digno de mención, igualmente, a partir de estas rup-turas, la manifestación de la poesía neobarroca por parte de León Félix Batista, la cual discurre por la desmitificación de cierta rama de la creación poética, esa que está alejada de maneras silenciarias y experienciales cotidianas que, de tanta mística vacua, unos, y de tanta claridad, los otros, están termi-nando por desaparecer (a pesar de la ingente epigonalidad, la antigua y la más joven). Con este poeta transitamos por pai-sajes exuberantes, ornamentales y carnales. Se deben tener en cuenta similitudes, como aquella mediante la cual la Poesía Especular se exterioriza de forma análoga a un barroquismo textual. Estos paisajes están imbuidos de una expresión flu-vial que emerge a través de pasiones auténticas y de un senti-

---

[74]   Espina, Eduardo, *La caza nupcial*. Prólogo de Julio César Galán. Madrid, Ay del Seis, 2018.

[75]   Mallén, Enrique, *Eduardo Espina. Poesía del deslenguaje*, Madrid, Amargord, 2019.

miento vitalista de la poesía y de la propia existencia, que se asemeja al cauce *non finito*. Hay que destacar, por encima de todos y según conexiones, su libro *Música ósea*[76] a raíz de esas ramificaciones del poema: por ejemplo, las citadas notas a pie de página que van hilando un discurso paralelo y ponen un significado añadido al propio texto. Aquí tenemos otra necesidad de ir más allá del significado, desde las matrices de la enunciación hasta sus afueras.

Por su parte, el poeta Eduardo Milán figura como otro de los autores cuyas influencias reverberan en las manifestaciones poéticas especulares. Este hecho encuentra su justificación en virtud de su destacada producción poética concomitante a su labor ensayística. En cuanto a la primera es relevante destacar que la dimensión metapoética se erige como un medio para explorar la plasticidad del lenguaje desde diversas visiones. Entre los presupuestos que ha expresado el poeta y crítico uruguayo tenemos la acertada observación de aquellos poetas que aceptaron el legado de Mallarmé reformulado por las vanguardias, y la de aquellos que relegan esta herencia (por cerrada y, por lo tanto, inoperante) y vegetan en otras creencias poéticas. Es ese cuestionamiento de la fijeza, como decía Lezama Lima, la que asume y traspasa a su creación lírica, así como a la de la Poesía Especular, con ese equilibrio entre emoción e intelecto; o el asunto del no-lugar que abre esa quietud en movimiento con textos penetrados por la propia sustancialidad de las palabras. Poemas que avanzan en su reconstrucción y que reúnen fragmentos y tonos desde la desnudez creativa.

Esta querencia última contiene a Maurizio Medo, quien sube con tesón hacia la metamorfosis de la misma a lo largo de obras como *Interferencias*[77]. En virtud de nuestro ámbito hay que decir que los versos del poeta peruano se vuelven múltiples, rizomáticos, consumados porque la escritura se esparce

---

[76]   BATISTA, León Félix, *Música ósea*, Arequipa, Cascahuesos, 2014.
[77]   MEDO, Maurizo, Prólogo de Julio César Galán. Epílogo de Berta García Faet, *Interferencias,* Madrid, Ay del seis, 2019.

con elasticidad hasta romperse, en ascesis de la vida que se va y en conciencia del momento. Desde varios frentes asistimos a la reconstrucción versal y con ello aparece toda una serie de símbolos y una imaginería que delimita con brillantez dicho acto. Por un lado, tenemos una vía intrahistórica en la cual se establece un cobijo contra la tormenta, un muro contra los estorbos, en fin, una resistencia contra los fisgones y la cual se funda mediante una palabra dialogada, fresca, cercana; y otra más social, más inclinada al pensamiento político, al cuerpo cruzado por lo estatal. Con la unión de ambos caminos tenemos esa veta metapoética alejada de minimalismos excesivamente cortos, de purismos fabulosamente castos o de hermetismos llenos de ocultismos.

Acabamos el lado latinoamericano con la radicalidad[78] de Mario Pablo Ortiz. Si los anteriores poetas resultan idóneos, este escritor argentino presenta la gran afinidad con la Poesía Especular (y viceversa) en su descomunal *Cuaderno de Lengua y Literatura*[79], una suma poética de mil cuarenta y una páginas en donde se mezclan ensayo y poesía. En este

---

[78]   Este término junto con otros como ruptura, vanguardia, desvío o transgresión se han vuelto palabras huecas, a las cuales se mira de reojo o por encima del hombro; la devaluación no ha cesado en la actualidad debido a la enorme epigonalidad que engulle cualquier expresión o propuesta meramente relacionada con esos términos (De la Torre, 2023). Este hecho, junto con la tibieza transformadora de la mayoría de los poetas nacidos entre 1970 y 1985, ha provocado un marco bífido: el de aquellos escritores cada vez más encorsetados en el inmovilismo y sus complacencias; cada vez más hechos en el eclecticismo ecuménico; con referencias pasajeras a los pitufos, a La oreja de Van Gogh, canciones de Ash (¿alguien recuerda esta agrupación musical después de casi veinte años?); mezcla de versos (lenguajes) realistas, herméticos, orales…Y un segundo grupo: el de aquellos que han ido y están yendo contra las directrices de su propia generación: los referentes latinoamericanos más que europeos o estadounidenses (con la excepción, en esta última, de la poesía del lenguaje), el alejamiento de la voz media, la no agresión o revisión crítica de la generación anterior (u otras), la recuperación de las diversas oleadas vanguardistas, etc.

[79]   ORTIZ, Mario, *Cuaderno de Lengua y Literatura*, Cáceres, Ediciones Liliputiense, 2022.

libro perfila una cuestión básica tratada en el ensayo *Crónica, crítica y muerte de un heterónimo*: el asunto de la aportación literaria, es decir, ¿qué aporta un autor a la historia de la literatura? (si aporta algo). Desde luego, estamos ante uno de los autores más conectados con la propuesta que estamos tratando y cuya contribución reside en acercar la idea de borrador a la poesía, de arrimar lo sucio y lo limpio, lo hecho y lo deshecho, con ese aire de cuaderno de apuntador enfocado a la relación que establece el lenguaje con el mundo, idea que surge del siguiente modo: «son ejercicios de un alumno: no el poema como algo acabado, sino un momento provisorio del lenguaje» (Ksztelan, 2022, p. 7). Esa idea de boceto remite a tres cuestiones más: la propia organicidad del libro, la estrecha vinculación entre poética y poesía, y la diseminación de los géneros y los estratos lingüísticos para su consiguiente uso. En *Cuaderno de Lengua y Literatura* se lleva a cabo ese ejercicio básico de reescritura que es retomar versos e ir reformándolos continuamente, algo que aplicó también Héctor Viel Temperley; pero, en realidad, es mucho más antiguo, pues ya en los cancioneros medievales se realizaba una labor similar.

En el lado español, durante el año decisivo del sesenta y ocho se conocen varios poetas que añaden, que prosiguen con la aventura vanguardista y experimental: nos referimos a José Antonio Cáceres, Julio Campal, Fernando Millán (cuya terminología de *poesía expandida* también ha sido utilizada por la poeta mexicana Rocío Cerón, pero en la vertiente performática) y el resto del grupo de poesía concreta. Después de la muerte del poeta uruguayo, Julio Campal, se formó el grupo N.O. (en 1968) y con ellos se produjo el regreso a la utopía de la transgresión (la misma que se da en Eduardo Scala, Felipe Boso o Joan Brossa). No olvidemos lo que dijo el propio Fernando Millán: «Hoy ya nadie discute que, en el siglo XX, hubo dos periodos clave: los años veinte, y los años sesenta. Más en concreto, al periodo 65-75, se le ha bautizado como *Década Prodigiosa*, por la abundancia de cambios, novedades y revoluciones. [...]. De hecho, en España, por las tradicionales razones históricas, podría decirse que los verdaderos 'sesenta'. son en la práctica los setenta» (Millán, 2001).

Y parejo a estas afirmaciones vienen algunas preguntas en este ahora: ¿por qué no transformar toda esa fuerza creadora del siglo xx? ¿Se ha quedado pequeño ya el poema lineal y uniforme? ¿Cuándo la poesía española dejará de ser tan reacia a nuevas propuestas y dejará de utilizar denominaciones obsoletas, material desfasado, para nuevas operaciones?; ¿no son necesarias ya, por agotamiento, por aburrimiento, por degradación que se expongan unas maneras de decir distintas desde un punto de vista lírico? Preguntas que lanzamos a posibles lectores.

Procederemos a continuar la exploración del ámbito español, esta vez bajo la acepción de no-lugar[80]. Por lo tanto, además de los autores previamente mencionados, se suman Andrés Sánchez Robayna y Jenaro Talens. El primero discurre bajo ese punto cero del no-lugar que remite al origen, en donde el lenguaje está lleno de sentido en su incomunicación y se lleva a cabo, entre otras cuestiones, la interpretación de la *re-ligación* de Zubiri[81] (1998), quien describe tres caracteres de la misma como experiencial, manifestativa y enigmática. Pasos esenciales que coinciden con el propósito fundamental de la Poesía Especular en cuanto a estructura, en cuanto a visualización del proceso: un primer camino en el que se contempla, en el que se tantea la palabra y la imagen, la experiencia y el azar. De he-

---

[80] Entendemos este término desde la óptica de José Ángel Valente y desde su mística sin religión, desde la sustancialidad de las palabras, desde ese borrar el presente para hacerse instante. Esta posición resulta de una tendencia inclinada a experimentar el silencio, hacia una suerte de autodescubrimiento; o en palabras de Valente sobre Juan Ramón Jiménez: «Estamos aquí ante otra muy aventura del alma. Se trata de un viaje inmóvil que comienza en el poeta, pasa por el poeta y termina en el poeta» (1994, p. 90).

[81] ZUBIRI, Xavier, *El hombre y Dios,* Madrid, Alianza Editorial, 1998.

cho, el propio Andrés Sánchez Robayna[82] se refiere a sus libros como largos poemas únicos, más que una aglomeración de textos, algo que también concuerda con la propuesta que estamos exponiendo. Un segundo estrato a caballo entre lo no-escrito y lo escrito, entre la corrección y la finalización. Más un tercer piso en el que se resuelve el poema con sus medidas exactas.

Por su parte y para nosotros, la poesía de Jenaro Talens representa esa lenta ruina que, como tal, afecta al proceso lingüístico de la creación poética, esa pérdida de equivalencias, la cual se remacha como algo innombrable. Estamos ante un proceso continuado de destrucción del encadenamiento versal, ya que este debe contar las metamorfosis del mismo. Todas las direcciones de su poesía se han dirigido hacia la desolación del lenguaje, hacia su silencio, hacia su (in)comunicación. Poemas colgados de ese tiempo no lineal. La poesía de Talens es un diálogo con lo leído y lo escrito, así, en ocasiones, aparecen modos de repetición, de fragmentación y de reelaboración en cuanto a crítica del lenguaje. Este hecho revela su aspecto más crítico, de discontinuidad y de manifestación metalingüística. Sobre todo, hay cuestiones de conciencia antetextual que definen el primer proceso de la Poesía Especular: «El proceso inicial de toda escritura, esa fuerza imperiosa que nos empuja a dejar que salga a la luz lo que parece obligarnos a coger la pluma y el papel, es menos racional y poco controlable en el momento mismo de su manifestación» (Talens, 2013, p. 30). La lectura-corrección y la corrección-escritura.

En la actualidad, vamos a poner el foco en un par de poetas colindantes y para ello nos centraremos en Lola Nieto y Mario Martín Gijón. En cuanto a la Poesía Especular y Lola Nieto debemos señalar que recorremos una creación poética elástica y absorbente; igual a un acto de metamorfosis de la voz, en la cual el poema, como objeto construido se va aumentado con sus reanudaciones y reactivaciones. Esto provo-

---

[82] SÁNCHEZ ROBAYNA, Andrés y DÍAZ, Rafael-José, *Poesía en el Campus*. Zaragoza, Universidad de Zaragoza, 1994.

ca una densificación de sus elementos lingüísticos a fuerza de quebrarlos. Un gesto que nos acerca a la *des-obra* en la instancia del instante, en espacio de libertad que abre el libro a la propia vida. El poema como cuerpo vivo y como cuerpo poroso el que se pone en juego lo visual y lo temporal (la palabra) y cuya deriva la vemos en la escena performática de la autora. Deviene en la lectura una curva de tensiones, grados y descensos en movimiento que funda un discurso espiral, en serie, multiversal. Esto ocurre por el recorrido que se abre entre la herramienta lingüística (lógica) y el suceso inmediato (holístico), es decir, entre las fuerzas del inicio del poema y su final; la escribiente como lectora que tiene que conectarse con su esencia; que tiene que delinear los trazos de su unión; que tiene que convertirse en co-creadora. En este caso y en ocasiones se exhiben las marcas del recorrido (como los puntos a trabajar señalados sobre el bloque de mármol) y se convierten, por necesidad, en acto constructor.

En cuanto al poeta Mario Martín Gijón su mirada poética se abre como dolor incompleto del pensamiento y, por lo tanto, como una reconciliación de extremos. Y es que los rediles literarios conservadores o continuistas verán su poesía, igual que les ocurrirá a otros especulares, como experimentos o como re-neo-vanguardias, es decir, como *remake* de aquellas o esas *avant-garde* (o sea, estrategias contextuales de anulación junto a otras como el ostracismo y la apropiación indebida por la generación posterior). El grafismo de barras, paréntesis o corchetes del escritor extremeño armoniza y destensa las palabras que expresan su decir/escribir desemejante y equivalente. Así se juntan las antípodas en un mismo punto: gajos de signos que una vez que se abren se vuelven a unir y viceversa. Se rompe la dirección única, el hábito de la mirada poética. La herencia habitual del lenguaje se hace chata al intentar decir, pues este no absorbe toda la realidad de cuanto quiere expresar y aquí viene el choque.

Otro golpe inicial para el lector, no solo con Mario Martín Gijón sino con otros autores que venimos tratando, puede venir de la apariencia visual de sus poemas en cuanto a la

dificultad lectora. Aunque con ello, se nos obliga a ir al fenómeno poético mismo, al de la formación del lenguaje; y al intento de captarnos en su ser. Se nos lleva a la reminiscencia de
las palabras y al tocar sus aguas, ellas mismas se enuncian. En
realidad, se trata de volver al juego, ese de los posibles caminos a seguir al mismo tiempo, es decir, de llegar a ¿su inacce-
sible otredad? Aquí podemos abrir un hueco en el que aludi-
mos a la intrapalabra de Mario Martín Gijón: los reajustes del
significado de los signos (en el propio poema) y la limpieza
de su significación al sacudir la coralidad de su polisemia, y
reproducir esa pluralidad en posibles interpretaciones.

LA POESÍA ESPECULAR COMO ACTO DE DESOBEDIENCIA: (RE) CONSTRUCCIONES Y NÚCLEOS

Hay varias preguntas en torno a la Poesía Especular, una
de ellas deviene esencial: ¿Qué la hace diferente de lo anterior? La respuesta está muy clara: ninguno de los poetas alu-
didos, con la excepción de Mario Pablo Ortiz y Mario Martín
Gijón, crea de manera sistemática una visión tan procesual
del hecho poético desde los antetextos hasta el resultado final
(cada uno con sus rasgos). Sí son poéticas afines o idóneas,
pero, debemos dejar claro, que ese juego con los esbozos, con
las reescrituras y desde toda su retórica se hace de manera
esporádica, intermedia e indirecta (o inclinados únicamente
a marcar el silencio) en las obras de los escritores que hemos
tomado como ramas para nuestro árbol genealógico con esas
dos salvedades. Cercanos a la actualidad hay más aproxima-
ciones, más metrajes e incluso más conciencia de que si no
se produce la muestra del proceso creativo no se lleva a cabo
una Poesía Especular.

Tenemos que señalar, antes de perfilar aún más esta tendencia, que durante el efecto 2000 y sus efluvios se han pro-
mulgado algunos cánticos generacionales (contextuales más
que textuales), sobre todo, dos: no matar a los padres poéticos (principalmente, los de los diversos realismos de los años
ochenta y noventa, así como a las vetas silenciarias, en sus dis-

tintas tandas, más las mezcolanzas de ambos); y asumir la dis-
gregación estilística de esos padres como algo propio (valga
la ironía: el residuo como distintivo). Y aquí viene otra gran
pregunta: ¿qué diferencia hay entre tradición, tradicionalis-
mo y epígonos? En sí, las propuestas (y estas, a pesar de lo
que la mayoría considera), se ejercitan en gran parte a través
de las poéticas, esas biografías del pensamiento lírico. De esta
manera, es necesario destacar que la escritura representa una
forma de reconstrucción. Este proceso, en su totalidad, ha
permanecido, en gran medida, en la periferia del producto
final. Desde la perspectiva especular, la exhibición de antetextos y reescrituras se convierte en el núcleo mismo de la
escritura. Cuando mencionamos núcleo, nos referimos a su
esencia fundamental. Es importante subrayar que esta distinción representa una contribución significativa.

Otro diferencial, otra desobediencia: la dualidad textos/
antetextos subvierte cuestiones como la de perfección, como
la de error, en sí, la de la propia experiencia poética. Las in-
tercomunicaciones de esas dos epistemes se cumplen, se so-
meten. En este camino, la realidad más profunda del poema
se encuentra junto a la realidad más externa. La construcción
se hace deconstrucción y viceversa, en fuga de posibilidades
y resultados. Esta circularidad lleva aparejada una disección
crítica manifiesta (por interpretativa) que antes no se daba
porque no salía a la luz la forja y el sellado. Así, las fronteras
hasta ahora conocidas se borran y se va hacia un tipo de creación poética con enormes posibilidades inexploradas; pues
se cruzan los tiempos y los espacios, de hecho, es habitual
en las maneras especulares de proceder ver referencias cro-
nológicas en las reescrituras, variantes o bocetos. En cuanto
al cruce de espacios, también resulta usual la utilización del
blancor de la página, de diferentes tipografías, de imágenes y
formas visuales al modo de Eduardo Scala, Fernando Millán
o cajas ullanianas, por poner ejemplos de remodelación de
la tradición vanguardista. Escritura cifrada que se hace des-
cifrada y al enseñar todo, lo oculta. La poesía como acto de
lectoescritura. Una poesía genética y generativa, una poesía

que se curva hasta hacerse círculo; y cuyos actos se transforman en experiencia ascética. Se activan significantes que se van haciendo significados y se van haciendo sentido. Cada tipología transtextual deberá llevar un distintivo específico. La implementación de esta retórica pragmática, completamente definida, se ilustra de la siguiente manera: los antetextos se presentarán sin puntuación y en minúsculas, lo que otorga a este estilo textual un sentido de desnudez que creemos apropiado; la prelectura se indicará mediante el uso de paréntesis y puntos suspensivos, que se utilizan con la finalidad de romper la estructura sintáctica del discurso. Asimismo, siguiendo la lógica de asociar elementos gráficos con sus significados en el contexto de la pragmática textual, nos referimos a las lecturas conjeturadas. Estas últimas deben estar marcadas por barras dobles, que sirven para separar las diversas acepciones significativas de las palabras o expresiones. En cuanto a las citas o intertextos tendrán que colocarse, como habitualmente se hace, entrecomilladas. Mientras que los pasajes dudosos estarán con todas las palabras juntas, en una especie de escritura continua, cuya misma disposición creará incertidumbre. También tenemos los subtextos con llaves y sin puntuación (en conexión con ese contenido que va por debajo de los diálogos) o los palimpsestos como palabras espejos, expresando esa doble escritura, esa doblez sémica. Además, tenemos las cursivas para los apuntes o comentarios; los guiones para el intratexto a modo de diálogo; el tachado para los bocetos y los esbozos; en las reescrituras y versiones se harán diversas variaciones versales; y los contrapoemas tendrán una disposición formal en zigzag. Finalmente, las marginalias y las notas a pie de página se pondrán en un cuerpo menor de letra. Estas son algunas maneras de poner retóricamente el proceso, de tener conciencia del mismo.

Pero este abanico retórico procesual es una posibilidad, pues como hemos apuntado, en este campo de la Poesía Especular está casi todo por explorar. Esperemos que solo sea el comienzo ya que no solo se inclina supuestamente a una manera de hacer en línea oscura o hermética, sino que está abierta a cualquier estrato lingüístico, ya esté lleno de transparencias, claroscuros o misterios. Al igual que las vanguardias, la cuales llevaban aparejadas unos programas (manifiestos) y unas maneras retóricas, con la Poesía Especular ocurre lo mismo; aunque hay que apuntar que «Pese a que en el siglo XX, se dio una relativa rehabilitación de la retórica, siguen siendo frecuentes las actitudes de rechazo hacia ella. Todavía menudean los reproches contra ciertos escritos, alocuciones y poemas, a cuenta de que son retóricos» (Landa, 2020).

Si cuando se solicitan poéticas a los poetas, la mayoría entra en una nebulosa confusa de ideas (o cuestiones muy tópicas por repasadas: el enigma, la catarsis…) o en excusas de que lo programático resulta algo negativo, pasajero o eso de mi poética son mis poemas, de…Si la tradición vanguardista ha sido apartada, silenciada o menospreciada a partir de los años ochenta hasta la actualidad, es desde la edición de diversos libros de poemas o de antologías como *Limados, Desobediencia* o *Poéticas del afuera*, cuando se empieza a conformar un espacio propio, propositivo y justificado (este libro es otro paso más en esa indagación).

Esta orientación conceptual conlleva implícitamente una serie de consideraciones indirectas y expansivas. Por ejemplo, el tránsito de varios poetas especulares hacia formatos de ciberpoesía, como el videopoema, se percibe como un fenómeno destacado. Asimismo, la exploración de vías performativas que amplían el discurso poético, representando un paso adicional hacia la transformación de lo que se pretende comunicar y significar, constituye una manifestación relevante. Un ejemplo notable es la obra de la poeta mexicana Rocío Cerón.

Otra cuestión que se plantea progresivamente es la noción de la desaparición del autor, un gesto que se sostiene temporalmente, generando una conciencia de ser un eslabón en la gran cadena literaria. En este sentido, el autor se convierte en un intralector, ya que se adscribe temporalmente al rol de intérprete de su propia obra, un hecho que se manifiesta en diversas instancias. Desde la Poesía Especular, el poeta manifiesta la escritura como una categoría móvil; cierra el texto como algo acabado, si entendemos esto, como publicación y no solo eso, sino con la oposición binaria textualidad *vs* no-textualidad. El cordón umbilical entre ambos se rompe y a la vez, permanece unido. Se reúne el valor absoluto de cada uno de los integrantes de la realidad del poema: el poeta (con sus interpretaciones y su hacer), el formato del libro, el sentimiento de descubrimiento en el lector, los editores y correctores…El gran diferencial: hacer el texto con los antetextos: (in)diferenciar lo escrito de la escritura: ensamblar el flujo de la misma y la fijeza de la obra. ¿Podrá existir, como antes, el poema?

En cierre, podemos mencionar la perspectiva interpretativa propuesta por Eduardo Moga, un poeta que comparte afinidades con lo expuesto y que también se desempeña como crítico literario: «Lo que *Limados* propone y ejemplifica ya se ha hecho antes, sin duda–desde los ismos hasta Derrida–, pero, a veces, innovar consiste en actualizar lo pasado: en adaptarlo a unas necesidades que, transcurrido el tiempo, se perciben renacidas […]» (Moga, 2016). Aunque su análisis fue profundo y bien armado, otros, han pensado esto de una manera más simplificada. Sin embargo, tenemos que llevar la contraria a estas observaciones pues ¿hicieron esto los *ismos*? Ninguno de ellos ha desplegado las diversas etapas formativas de un poema dentro de un solo texto o a lo largo de una obra. En *lo especular* se exploran y (re)construyen núcleos conceptuales como son los expuestos por J. Derrida, generalmente asociado con la deconstrucción y perteneciente al ámbito filosófico; su análisis de la *différance* como lo inaudible que se encaja en las reescrituras y, al mismo tiempo, se vuelve audible junto a otras como R. Barthes (la obra como frase infinita, esa trenza de voces diferentes), M. Blanchot (la escritura equivalente a la descripción de lo interminable), G. Deleuze y F. Guattari (en el proceso de modulación), G. Genette (con su ejercicio de autorreferencialidad a modo de palimpsesto), L. Dällenbach (cuya acepción de las poéticas especulares es tomada de su estudio *El relato especular*, además del enfoque sobre la *mise en abyme*) y M. Foucault (con su concepto del *afuera*).

La Poesía Especular discurre como una Poesía *non finito*, una poesía en espejo, una poesía de la lectura, una poesía de la otredad, que reúne el esbozo con lo finalizado. Y esos constituyentes retóricos conforman el modo de construir —ahí tenemos los distintos puntos de fuga textual—, los cuales se convierten en medios para articular el armazón estructural.

En fin y subrayamos, esta nueva lírica se muestra a través de la órbita de su confección, he aquí la gran diferencia con la poesía anterior, como la metapoética, en la cual se reflexiona sobre el propio lenguaje; aunque nunca se hace visible esa formación y representación de la misma a través de reescrituras o versiones. En sí, la Poesía Especular ya ha dibujado una propuesta y ya ha establecido un campo versal diferente.

CODA SOCIOLÓGICA

Ríos revueltos

El calco de ideas, estéticas, concepciones, definiciones, modelos, etc, etc, no es nada nuevo. Piratear expresiones, repetir términos o reproducir ideas ajenas como propias, sin citarlas, sin referenciarlas, haciendo una labor de imitación cabezona, de fusilamiento de borrachos, de remedo cutre y a saltos, de imitación sin homenaje ni admiración ni referenciación, viene de lejos (como robar, malversar, asaltar...). ¿Para qué citar? Comentamos esto porque ya se está dando una apropiación indebida de las ideas de la Poesía Especular[83]. Parecen decir: —Echemos a un lado a esos y lo suyo,

---

[83] En todo esto de las apropiaciones indebidas una de las vías de menosprecio reside en aniquilar cualquier propuesta derivándola a un mero devenir de un concepto de la tradición (por ejemplo, decir que la Poesía Especular es una manera conceptual o que se daba en tal o cual autor. Creemos que a lo largo de este estudio hemos resuelto esta posible duda: No es nuestro caso) o decir que se cae mucho en la subjetividad. Otros menosprecios que hemos escuchado: radican en señalar los antecedentes de la Poesía Especular (como si no los conociéramos. Una cosa son los antecedentes y otra, las propuestas. Creemos que esto está resuelto); o espetar que se cae

parecen pensar algunos y algunas de las nuevas generaciones[84]. Parecen susurrar: —Desvalijemos su pensamiento, el
cual nos ha dado sin más y soplemos en sus entrañas nuestros despojos. En el cole, a estos se les llamaba copiones o
copiotas, en aquel entonces, uno hubiese actuado de otra
manera. ¿Para qué romperse la cabeza, para qué quedarse
horas y horas leyendo, horas y horas puliendo, para qué es-
forzarse en buscar, abrir caminos, cuadrar círculos…? Para
qué todo esto, si me lo pueden hacer otros, parecen pensar.
Tan solo hay que ocultar y silenciar. Qué bien va con desfigu-
rar, con amorrar, con desnivelar, con juntarse con el pope y
ser apadrinado. A estos pícaros y pícaras poéticas les va bien
con lo de despojar, pillar, desfalcar, mariscar y otros tipos de
robo. ¿Ética? Vaya, esto es cosa de curas o remilgados. ¿Re-
conocimiento del otro? ¿Valor por lo aprendido? (aprender
es una buena manera de robar pensamiento, pero cuando
se hace con admiración desemboca en enseñanza). ¿Mo-

---

en las generalidades; o le falta bibliografía; o redacta mal (esto lo decía uno,
en un informe, que ponía «artículo» sin tilde). Ay, no lo hace bien. Es decir, displicencias, aires de superioridad, es decir, impotencias de epígonos
y arrastre en el intento de codificar un campo poético a tres bandas en la
generación de los nacidos entre 1970 y 1985: los herederos de la poesía del
silencio, neopurista o minimalista: con esos pivotes de Madrid, Valladolid,
Extremadura y las Islas Canarias; los herederos de los múltiples realismos
españoles: aquí van sobre todo Granada, Sevilla, Valencia y Oviedo; y una
tercera vía que se ha manifestado o requerido como una mezcla de las dos.

[84]   La generación de los nacidos entre 1970 y 1985 ha sido maltrata-
da por varias razones: el apego a la generación de la Democracia no le ha
hecho ningún favor y la ha devaluado (en la mayoría de los casos, la tanda
anterior de poetas ya estaba anclada en neos y refritos); decididamente ha
sido una apuesta por el suicidio estético (y lo sigue siendo, pues los más
jóvenes siguen repitiendo esquemas obsoletos): la voz media, la mezcolan-
za estilística de lo anterior, el pastiche, la consabida unión de lo tradicional y lo vanguardista, etc. Y todo ello sin apenas propuestas tanto teóricas
como estéticas que vayan más allá de meras simplificaciones. De ahí que
ni siquiera se tenga un marbete definitorio y eso que ha habido intentos:
Generación del 1999, Generación 2000, Generación, X, etc, etc. En fin, una
generación totalmente comida y canibalizada.

destia y aceptación porque el otro ha llegado antes que tú? Preguntas sin respuestas o el ostracismo y el silenciamiento por bandera.

Pero todo esto hay que contextualizarlo: primero con el marco sociohistórico. Y digámoslo: el contexto literario casi siempre hace la recepción del texto y su proyección. El discurso del neoliberalismo, la hiperconexión sin comunicación (entendida esta como diálogo de besugos o como rediles y más rediles: "este es mi grupo y es mío", ya sea por género, amistad, afinidades sexuales, ideológicas, etc, etc), el efecto relativista y trivializador, lo epigonal vestido de tradición, los fracasos modernistas (uh, hablar del sistema, los universales, la aportación, la objetividad en literatura, buff, qué antiguo) y más y más etcétera posmodernos, ultramodernos, etc, en pos del doble fondo irónico (ya sin ironía, con la sonrisa triste del bobo o la boba), del nihilismo de citas y niveles de voces medias, de ceja levantada ante cualquier asidero (si yo no puedo, tú tampoco), de la autoficción tontorrona y narcisista (la mayoría por epigonal), lo virtual por lo real (para qué la conversación y lo erótico, cuando tenemos Tinder, Badoo, Bumble, Inner Circle... Eso sí, antes de pasar por cualquier tapiz lírico, casi siempre el tanteo del género: ¿y tú de quién eres? Bisexual, homo, binario, cuaternario, trans, lesbiana, etc, etc. ¿Y cuántos hombres y mujeres hay en esta antología? Baff, qué importa la calidad, la aportación, la originalidad. ¡Qué aburrimiento!).

En fin, vamos a lo que nos importa: el posible robo estético, ensayístico y académico de la Poesía Especular. Abramos cita: «Hablemos claro: el apropiacionismo es tendencia porque conviene al mercado. Las verdaderas innovaciones culturales ocurren, con mucha suerte, una vez cada veinte años. El problema es que la industria necesita novedades cada cuatro meses para mantener girando la rueda de la moda, la excitación y el consumo» (Lenore, 2018). Y es que el post ha devenido en post-post, es decir, que casi se ha convertido en tartamudeo y después, para más inri, solo se habla con prefijos: meta, ultra... ¿Y a qué viene todo esto? Viene principalmente del intento de ocultamiento, ninguneo y silenciamiento de algunos críticos (poetas también) que están por encima de nuestra generación y de una serie de poetas y críticos jóvenes que están intentando posicionarse a través de estas tácticas. Sorprende que se esté intentando calcar una poética que algunos llevamos tiempo poniendo en negro sobre blanco (desde 2016 teóricamente con *Limados* y creativamente desde 2014 con *Inclinación al envés*). Me refiero a aquello de mostrar el proceso del poema, su genética textual y su resultado final, los antetextos y los textos, etc, etc. En mi caso y desde un punto de vista teórico (como vengo exponiendo), desde las antologías y los ensayos citados. Y en libros de poemas desde *Inclinación al envés* hasta *Un adiós abierto*. No sé, nos llaman la atención estos desplantes: que una serie de poetas (curiosamente y en gran parte procedentes de las poéticas del silencio y de algunos jóvenes dados al pastiche) empiecen a hablar del proceso, de roturas, del esbozo, de la reescritura (incluso copiando acepciones sin citar como «Poética del afuera», en mi caso, procedente de Foucault) o más allá como tejido de voces y etc, etc de este tipo.

Aquí puede haber dos opciones: el desconocimiento tanto de nuestra obra ensayística como de la creativa; y de todo este movimiento poético denominado Poesía Especular, entre los cuales, están Mario Martín Gijón, Lola Nieto o un servidor, entre otros. Entonces, no pasa nada. O que se conozca, pero no se quiera citar, entonces (o incluso habría un tercero más ideal: que se conozca y que se quiera indagar; pero para esto habría que citar y no es el caso). Imagino que será lo primero y que habrá que seguir informando y haciendo pedagogía. Esta política literaria está clara (al menos, gran parte del lado español) y su sociología abre, en numerosas ocasiones, sus caminos para operar diversas estrategias. ¿Cuál es la táctica? La maniobra empieza a definirse: algunas poéticas del silencio, las cuales llevan boqueando desde hace años y siempre se han considerado el *avant-garde* de nuestra poesía, necesitan sangre nueva. Otras poéticas, como las resultantes de un pastiche descafeinado y cuyo mantra (muy tópico) es ese equilibrio entre tradición y vanguardia están intentando volver a subir como sea. O un más allá: un conglomerado de epigonalidades de la poesía figurativa, experiencial o reflexiva. Un ejemplo, lo tenemos en *Canon abierto*[85], desde el cual uno se pregunta: ¿herederos o epígonos? Qué aportan estos poetas (me refiero a los españoles) al progreso de la poesía. ¿No es la poesía de la incertidumbre un remedo de las oleadas de los realismos españoles que ha derivado en la chusca de los parapoetas tipo Elvira Sastre? También, la de algunos jóvenes que creen que, obviando, ignorando, evitando la referencia, la citación, el nombre, salen con la ganancia de la partida, con la medalla.

Los hitos, en poesía, se marcan por la aportación de las obras y, en este caso, la de algunos autores españoles incluidos en esta antología es nula, pues la mayoría son epigonalidades. No es un valor en sí mismo la continuidad, ya que esta selección rezuma una inclinación excesiva hacia preferencias transparentes, sobre todo, la de las propuestas del grupo poesía ante la incertidumbre que en sí es un ejemplo de poesía epigonal. Es cierto que se constituye una realidad poética, pero una realidad manoseada, refrita, insulsa. Para que una antología sea creativa debe reunir a un grupo de poetas que propongan algo y aquí se propone en escasísimas ocasiones. Es un discurso redicho y que suena a sonsonete, a consabido; incluso, la selección de críticos profesores y estudiosos resulta tendenciosa. Son investigadores inclinados a esa preferencia de una poesía transparente. De ahí que la estrategia de selección se produzca como una construcción de epigonalidades poéticas, en la cual no hay transgresión ni provocación ni vocación porque no hay experimentación (progresión). No hay adelanto ni horizonte. Si este es el estado de excelencia de la literatura actual, está en estado de cadáver; autores que han nacido casi muertos, que no han sabido encontrar su voz o que no han sabido implantarla en ellos. Así, repetimos: se

---

[85]   SÁNCHEZ, Remedios, *Canon abierto*, Madrid, Visor, 2015.

confunde tradición con traición y se promueve una ideología hegemónica de la poesía, la de hace décadas, que ya está obsoleta. Por lo tanto, no hay avance.

Eso sí, la introducción de *Canon abierto* resulta magnífica en cuanto a su distribución y estructuración de contenidos. Todo se reúne en torno a tres grupos dominantes: los poetas de la incertidumbre procedentes de un manifiesto titulado «Defensa de la poesía» [86]; una estética del fragmento (más bien dados al batiburrillo como estética con ese soporte formal); y los herederos de la poesía neobarroca. Y yo me pregunto: ¿No será redundante decir «herederos de la poesía barroca» (Sánchez, 2015, p. 76)? Y la última soga: ¿cuánto pesan las deudas no solo en estos poetas sino cuando se habla de deudas con la generación de la poesía social o de la apuesta por la experiencia? Se salvan —que ya es mucho— de esta selección algunos y algunas con propuestas bien fuertes, bien asentadas. Después están esas estéticas del fragmento cuyo origen está en sus vértices reflexivos. Y yo me pregunto: ¿no estaba esto en Carlos Marzal o en Vicente Gallego? Creemos que de tanto darle vueltas a la tuerca de la misma estética se ha roto y lo malo de todo es que no ha habido un corte o una ruptura. ¿Qué cambio se puede realizar cuando se apuesta por la voz media, por un continuismo simplón? Eso sí, creemos que, de las tres estéticas, lo fragmentario es la más avanzada, pues esa concepción de la realidad como algo dinámico de la poesía, como algo inacabado, resulta fresca y afín.

DE PLAGIOS RESULTONES Y OTROS TALENTOS

Dado lo inabarcable del campo de la copia en sus múltiples formas (se preguntará alguien: ¿pero no todo es copia?), vamos a dar unas pinceladas —en relación con lo anterior— para intentar resumir nuestra posición en torno a aspectos como la epigonalidad chusca (valga la redundancia), al pla-

---

[86] VALVERDE, Fernando et al., «Una defensa de la poesía», *Cuadernos Hispanoamericanos,* 732 (2011), pp. 87-90.

gio oscurantista y el apropiacionismo ladino. Dicho esto, tenemos que decir inicialmente que la conocida reflexión de Mallarmé mediante la cual expone que todo cuanto hay en el mundo, todo cuanto existe en él, puede ir a desembocar en un libro, la hemos cambiado por «Todo aquello que hay en el poema debe desembocar en el propio `poema final´». También nosotros hemos concebido, como Mallarmé, un espacio poético y visual en el que ambos fueron indisolubles (algo que está en las antípodas de la epigonalidad). Y queremos seguir liberando al poema de su disposición tradicional en la página. El texto lírico como proyecto multiforme, el cual se convierte en una creación propia que surge conforme se va lectoescribiendo o escribileyendo; o cazando el registro de cómo se va formando el poema. Hay que seguir repensando los ángulos de lo escrito y revelar la intensidad de la palabra. No solo mostrar la flor, hay que mostrar la primavera.

Esto implica también nuevas técnicas de diseño editorial, reformular cómo se vuelca lo inédito y lo reescrito en lo publicable. Hay que seguir liberando al poema de su rutina, de sus hábitos, de su inercia. Seguir la lógica de la obra para volver a destruirla. Destapar las distorsiones, las superposiciones, sus efectos, la audacia del azar, esa deformación de la escritura hasta su formación…Como en aquel Arte Xerox, con la Poesía Especular exponemos el registro del movimiento. Y en otra punta, como los escritores de esos libros de artistas, por ejemplo, con Ernst Caramelle, nos decimos: «No demasiado es casi suficiente»[87]. Y yéndonos a las utopías: me encantaría saber de ese momento en que el lector vibra con el poema, con un verso y saber integrarlas en el poema. Pero dejemos los imposibles y vayamos al tema: «El idioma es una serie de plagios» cito de memoria a Borges. Eso sí, siempre que tengas a este por una continuidad y desde aquí, nos preguntamos: ¿Dónde están los límites de la

---

[87] Schraenen, Guy, *Una tirada de libros*, Madrid, Fundación Juan March, 2010.

ausencia de citación, de la intertextualidad, del olvido de la referencia, del desconocimiento del desconocimiento, del ostracismo del texto plagiado?

Para los *remake* habría que considerar, asimismo, la cuestión temporal de si se hace de manera sincrónica o diacrónica; la cuestión de llegar antes o después por parte de algunos y de algunas es algo que o se quiere difuminar o se quiere amañar, en gran medida, por el arte y la literatura contemporánea. También debemos señalar que las copias, apropiaciones y otros tipos de procedimientos de dudosa creatividad suponen no solo un cambio en la forma de mirar la obra literaria, sino también una parsimonia y una dejadez en cuanto a la valoración de la calidad de la originalidad y de la transgresión. Vivimos en una época de sumisión neopuritana y atontada por las redes sociales, donde ya no se sabe cuál es el nivel bajo, alto o medio. Todo es un café para todos. Y es que como me dijo un editor: *Nadie echará de menos a un desconocido.*

¿La copia como ejercicio artístico está muy bien, como reproducción de la copia?, ¿se puede plagiar lo irrepetible? ¿El plagio es necesario, está implícito en el progreso? ¿Todo esto tiene que ver con la rapidez, la ultra rapidez, la mega rapidez, la picaresca o el afán por llegar sin ser, sin haber evolucionado? Es la estética del pelotazo. Pero es sencillo: el que plagia se apropia de una idea y la hace pasar por suya. Esta es la clave, esta es la técnica y este es el falsario o falsaria. En poesía también los hay: ese o esa que llega tarde y quiere ser el primero, que quiere colarse, que dice que es el primero y de tanto repetir la mentira cree que es verdad y se lo hace creer a los demás. El plagiador o la plagiadora, dentro del ámbito poético, le ocurre también como en el artístico: que en cuanto a la técnica, ya sea la composición o el tema, por ejemplo, se toman como si fueran diversos; pero en el fondo es una simple copia repetida. Creen que cambiando de editorial o haciendo una pequeña variación pueden crear una estética y hacerla pasar por nueva.

Desde la copia latina de las bases griegas como una renovación de sus ideas, pasando por los puntos comunes de los distintos movimientos literarios o artísticos, o las refundiciones de los tópicos se ha ido perdiendo la gracia de la copia. Todo ello hasta llegar a los plagios descarados, es decir, al plagiario como autor menor (Ezquerro, 2010, p. 35); difuminados por el serpenteo de la intertextualidad y el apropiacionismo ramplón. En la actualidad, uno de los autores que ha teorizado sobre el tema es Agustín Fernández Mallo (entre otros autores). Para el escritor mallorquín el artista pasa a ser un ejecutor del *sampler* (2009, p.124); o en palabras de un compañero de viaje de Mallo, Eloy Fernández Porta, quien nos dice lo siguiente:

> Creo que en la práctica apropiacionista la evocación de una obra preexistente no es un objetivo sino un medio. Esa evocación, ya sea reverente o edípica, da lugar a una experiencia que tiene tres rasgos: la liberación (la segunda obra «libera» a la primera de un presupuesto cultural que se había adueñado de ella), la reflexividad (la obra original era «buena»; la versión es «interesante») y el anacronismo (el efecto estético que resulta de trasladar la obra a un nuevo marco de referencia histórico).

> (Hardisson, 2013)

Creo que esa práctica del apropiacionismo, como seña estética, ya ha entrado en su réquiem, ya es algo epigonal, ya es algo anacrónico por excesivamente usado; ahora es tiempo de hacer propuestas, eso sí, siempre reflejando cuál es nuestra tradición.

ALGO DE MÚSICA PARA NACER: PUNTOS SOBRE LAS ÍES

La radiografía de finales de siglo XX y primera década de siglo XXI (con excepciones como la de *El fósforo astillado* de Juan Andrés García Román o la de *Rendicción* de Mario Martín Gijón, entre otras) de la poesía realizada por poetas nacidos entre 1970 y 1985[88] resulta desoladora en cuanto a progresos.

---

[88] Se podría ampliar perfectamente el arco de edad, incluso por cuestiones sociológicas específicas de ese país poético a 1990, y no solo del entorno sino de las propias transfusiones, apegos y similitudes que se dan entre la Generación entre crisis (también podría llamarse invisible

Hay que tomar distancia de aquel efecto 2000, tan requerido
(y tan embarrado con antologías hueras, tendenciosas o ama-
ñadas) para poner fecha a un posible hecho generacional, ya
sea temporal, sociológico o estético. Con cierta perspectiva
y, sobre todo, en los últimos trece años, se han gestado propuestas y asentamientos poéticos con consideración distintiva
y alejados de conformismos, sobreadaptaciones y mezcolanzas. Nuestra visión se instaura en dos direcciones: la primera deriva del cauce cronológico en el que la poesía española
deja de ser epigonal o sumisa, proyectando búsquedas, des-
obediencias y afirmaciones; la segunda, en relación a la explicación de proposiciones reales y sus diferentes distintivos, por
ejemplo, la que hemos hecho con la Poesía Especular. Desde
el primer camino debemos subrayar que nuestra generación,
como hecho estilístico y contextual, es un marco que se podría calificar de engullida, canibalizada, muda o invisible. Ha
sido una generación que se concibió a sí misma con un gran
conformismo, con demasiadas pleitesías (llenas de domines
y popes) y hecha con rasgos muy manidos de aquí y de allá,
formando un Frankenstein redicho y, en la mayoría de los
casos, soporífero.

Nuestro ámbito generacional ha sido un contorno lírico
que ha necesitado de dos crisis (de hecho, podría denominar-
se «Entre Crisis»), para despegarse de la anterior, sacudirse
los lastres, observar el salto de la mayoría de los Millenials y
Generación Z y, esencialmente, establecer propuestas fuertes.
En el género poético, siempre hay mucha prisa por estable-
cerse, por formar cerco, por llegar a la foto...Desde una vista
panorámica, podemos establecer tres grandes vetas creativas:
1) Aquellos que siguen anclados en ese conformismo. Una
veta muy Seguidista, muy epigonal (tanto en lo crítico como
en lo poético) y creyentes en el amparo de la tradición como
si esta fuera un paraguas, un escudo o un seguro de vida y

---

o solapada), la de los Millenials y los Z. En estos momentos, la altura del
debate está entre poetas epigonales y parapoetas.

los demás la desconociéramos; 2) Otro camino que he denominado Transitorios, de mezclas descafeinadas y finalmente, sin saber por dónde ir; de unión de tendencias anteriores y de moda del momento: que el poema tenga los condimentos apropiados: un poquito infantil, un poquito social, un poquito de internet y demás etcéteras. 3) Desmarcados, entre los cuales está, entre otras, la tendencia de la Poesía Especular.

Situemos —para finalizar y a modo de espiral— brevemente el origen de esta senda: en el año 2016 mi heterónimo Óscar de la Torre junto con los críticos y escritores secretísimos, Marco Antonio Núñez y César Nicolás perpetraron *Limados*. Y es que el espinoso Óscar ha sido denunciado por falsa identidad, expulsado de algunas editoriales y revistas por heterónimo, y silenciado por su invitación de exégesis literaria en *Crónica, crítica y muerte de un heterónimo*. Qué le vamos a hacer...Como hemos apuntado, posteriormente, vino la antología *Desobediencia* preparada por él y Marco Antonio Núñez; y una tercera incursión crítica con *Poéticas del afuera,* cuyos artífices, Antonio Ortega, Marco Antonio Núñez, Concepción López Andrada y Óscar de la Torre han ahondado en esta tendencia. Creo que visto con distancia pocos de aquellos limados y desobedientes se acercan a la Poesía Especular[89]. Es cierto que hay poéticas similares, sin embargo, necesitan más recorrido, más concreción o más ajuste al cauce de esta línea poética (no solo vale con poner barras, una puntación dislocada, algún tachón o etcéteras de este tipo); pues aquellos y aquellas que se aproximan a ese perfil, en la mayoría de los casos, vienen de las poéticas del fragmento, la metapoesía o las poéticas del silencio (y no es lo mismo).

---

[89] Dentro de la Poesía Especular habría dos grandes líneas que participan unas de otras: una, *non finito* basada en el axioma: El proceso es el fin, es decir, esbozos y apuntes para mostrar la genética textual junto al resultado final; y otra, más inclinada hacia lo visual, hacia crear puntos de fugas más geométricos, estando en esta posición referentes como la poesía visual, la poesía concreta o la mezcla con el cómic. Ambas se entrecruzan y se fusionan en numerosas ocasiones.

Hace poco unos amigos me decían que no encuadrase
el asunto que nos incumbe en Extremadura, en concreto, en
Cáceres, porque iba a quedar muy provinciano. Lo bueno de
hacerse mayor es que puedo decir lo más cercano a lo real sin
pensar en el qué dirán. Esta propuesta, la de la Poesía Especular, nació en Cáceres[90] (con simetrías y concurrencias en
otras ciudades, pero con posterioridad en ellas; al igual que
hay paralelos y antecedentes, sobre todo, en Latinoamérica),
en una taberna de la parte antigua, llamada La torre de Sande
(cerca del museo Helga de Alvear), en donde acudían Eduardo Moga, César Nicolás, Javier Pérez Walias, Marco Antonio
Núñez, Mario Martín Gijón y un servidor (a la postre, tuvo
su refrescura con la llegada de Juan Andrés García Román a
la ciudad extremeña en 2022). Entre 2012 y 2016 se dio forma —casi siempre con nocturnidad— entre dichos, diretes y
murallas a una manera de amar el lenguaje poético. Como he
comentado anteriormente mi querido y lisérgico amigo César
Nicolás me dio a conocer allá por 2012 *Logofagias. Los trazos del
silencio.* Uno ya conocía algunas derivas de gigantes españoles
del setenta como José Miguel Ullán o Leopoldo María Panero; pero con escasez la obra de otros poetas como Eduardo
Hervás o Fernando Merlo, entre otros. O toda una tradición
especular en Hispanoamérica (que no Poesía Especular).

Una vez más nos preguntamos: ¿En qué consiste esta
propuesta poética (al menos la mía o como yo la concibo)?
En juntar los bocetos o las versiones con el poema final. Las
variaciones, pero no sobre un tema, sino versales: los esbozos y el trabajo en construcción como reflejo de la antesala

---

[90] Es cierto que hay una serie de precedentes, hermandades, genea-
logías, etc de este tipo, pero hay que dejar claro que la concepción, la invención y la teorización se ha producido en ese entorno. También, puntua-
lizar que actualmente hay una pulsión en toda Latinoamérica, ahí tenemos
ejemplos como los de Raciel Quirinos, Mario Arteca, Jorge Posadas o Anaité
Ancira. Dejamos claro este asunto por si se dieran posibles distorsiones,
confusiones o colocaciones inadecuadas; o un apropiacionismo muy poco
ético.

poética. Poemas y rostros con un reflejo del azogue; versos y facciones que están acabados y, al mismo tiempo, permanecen borrosos, descompuestos, incluso, defectuosos. Todas estas acciones constituyen una vía para borrar/cimentar al autor. La visión de la poesía como variación y modulación incesantes, como *mise en abyme*, como matrioska, en donde se juntan lo mismo y lo distinto. El arco de la ejecución. Serie de versiones, revisiones, rupturas, parodias, intertextualidades, metatextualidades y paratextualidades que responden a la necesidad de imitar, glosar, variar o transformar el poema o el discurso establecido, cerrado, lineal en una obra abierta, expandida y camaleónica.

¿Y en qué difiere del resto? Pues le decía hace poco a un amigo que hizo una crítica de *Limados* que esta propuesta se diferencia en que diversos autores y autoras han sabido casar una aventura lírica con una teórica; que han sabido diferenciarse de aquellas poéticas del setenta porque juntan todo un arsenal retórico para mostrar el proceso creativo de un poema, de una obra; y, principalmente, porque suponen una renovación de la tradición vanguardista del siglo xx. Invitamos a otros creadores e investigadores a explorar los vericuetos de la Poesía Especular, pues esta ofrece numerosas posibilidades.

Bibliografía

Alba, Jimena, *Introducción a la locura de las mariposas*, Madrid, Tigres de Papel, 2015.

Bajtín, Mijaíl Mijáilovich, *L'aventure sémiologique*, París, Seuil, 1985.

— *Problemas de la poética de Dostoievski*, México, FCE, 1986.

Barthes, Roland, *The pleasure of text*, New York, Farrar, Straus and Giroux, 1975.

— *Crítica y verdad*, México, Siglo XX, 1994.

Blanchot, Maurice, *El espacio literario*, Madrid, Editora Nacional, 2002.

— *La escritura del desastre*, Madrid, Trotta Editorial, 2019.

Blesa, Túa, *Logofagias. Los trazos del silencio*, Zaragoza, Universidad de Zaragoza, 1998.

Bookcamping, «Colgado de ready», 28 de julio de 2012. URL: http://blog.bookcamping.cc/post/30648832940/ganas-de-mayo-maria-salgado-colgado-de-ready [03-06-2022].

Borges, Jorge Luis, *Ficciones*, Barcelona, De Bolsillo, 2011.

Braga, Jorge, «¿Traducción, adaptación o versión? maremágnum terminológico en el ámbito de la traducción dramática», *Estudios de Traducción*, 1 (2010), pp. 59-72.

Brossa, Joan, *Posteatro*, Madrid, Ñaque, 2001.

Cabezón, Enrique, *Desdecir*, Madrid, Amargord Ediciones, 2013.

— *28.48 minutos de lectura*, León, Eolas, 2022.

Canteli, Marcos, *Poemas de s/7*, Madrid, Vasarek, 2014.

— *Constitución*, Oviedo, Malasangre, 2015.

Carnero, Guillermo, *Variaciones y figuras sobre un tema de La Bruyère*, Madrid, Editorial Alberto Corazón, 1974.

CASADO, Miguel, «¿Hacia una nueva crítica?», *Ínsula*, 587-588 (1995), pp. 3-5.

— *La experiencia de lo extranjero. Ensayos sobre poesía*, Madrid, Galaxia Gutenberg, 2009.

— *La ciudad de los nómadas. Lecturas*, Madrid, Libros de la resistencia, 2020.

CERVIÑO, Ángel, *El ave Fénix sólo caga canela (y otros poemas)*, Barcelona, DVD Ediciones, 2009.

— *¿Por qué hay poemas y no más bien nada?*, Madrid, Amargord Ediciones, 2013.

CÉSPEDES, Alejandro, *Círculos concéntricos*, Asociación de Escritores y Artistas Españoles, Madrid, 2008.

— *Flores en la cuneta*, Madrid, Hiperión, 2009.

— *Topología de una página en blanco*, Madrid, Amargord Ediciones, 2012.

DÄLLENBACH, Lucien, *El relato especular*, Madrid, Visor, 1991.

DE LA TORRE, Óscar, *Crónica, crítica y muerte de un heterónimo. Otredad, exégesis literaria y epigonalidad poética*, Gijón, Trea, 2023.

ECO, Umberto, *Obra abierta*, Barcelona, Seix Barral, 1965.

— *Lector in fabula*, Barcelona, Lumen, 1993.

ESPEJO, Rafael, «García Román: El fósforo que prende entre la sintaxis y la utopía». 18 de diciembre de 2018. URL: https://www.grana-dahoy.com/ocio/Garcia-Roman-fosforo-sintaxis-utopia_0_212978999.html [09-04-2019].

ESPINA, Eduardo, *Quiero escribir pero me sale Espina (1982-2012)*. Buenos Aires, Cuarto Propio, 2014.

ESTÉBANEZ, Demetrio, *Diccionario de términos literarios*, Madrid, Alianza Editorial, 1996.

EZQUERRO, Milagros, *El plagio en las literaturas hispánicas: Historia, Teoría y Práctica*, Granada, Universidad de Granada, 2010.

FOUCAULT, Michel, *El pensamiento del afuera*, Valencia, Pre-Textos, 2008.

GALÁN, Julio César, DE LA TORRE, Óscar y ALBA, Jimena, *Ensayos fronterizos. Entre el poema y la heteronimia*, Santiago de Chile, RIL Editores, 2018.

GALÁN, Julio César, *El ocaso de la aurora*, Madrid, Sial, 2004; Madrid, Dilema, 2025.

— *Tres veces luz*, La Garúa, Santa Coloma de Gramanet, 2007; Madrid, Tigres de Papel, 2024.

— *Inclinación al envés*, Valencia, Pre-Textos, 2014.

— *El primer día*, Sevilla, La Isla de Siltolá, 2016.

— *Testigos de la utopía*, Valencia, Pre-Textos, 2017.

— *Anotaciones Cardinales*, Guadalajara, México, Sombrario Ediciones, 2019.

— *Cuaderno de Sombrario*, Madrid, Amargord, 2020.

— *Correos a los editores. Poesía Especular/Poesía non finito*, Barcelona, RIL Editores, 2021.

— «Qué es la poesía especular?», *Cuadernos Hispanoamericanos*, 853 (2022), pp.141-155.

— *Un adiós abierto*, Valencia, Pre-Textos, 2023.

GALLEGO, Vicente, *El 50 del 50 (seis poetas de la generación del medio siglo)*, Valencia, Pre-Textos, 2006.

GALLERO, José Luis, *Antología de poetas suicidas (1770-1989)*, Madrid, Ardora, 2005.

GARCÍA HORTELANO, Juan, *El grupo poético de los años 50*, Madrid, Taurus, 1978.

GARCÍA MARTÍN, José Luis, *La generación de los 80*, Valencia, Mestral Libros, 1988.

GARCÍA MONTERO, Luis y GARCÍA SÁNCHEZ, Jesús, *Un balón envenenado*, Madrid, Visor, 2012.

GARCÍA ROMÁN, Juan Andrés, *El fósforo astillado*, Barcelona, DVD Ediciones, 2008.

— *Adoración*, Barcelona, DVD Ediciones, 2011.

GARRIDO, Juan M., «Barthes y el problema de la lectura». *Onomazein*, 3 (1998), pp. 85-110.

GENETTE, Gerard, *Palimpsestos. La literatura en segundo grado*, Madrid, Taurus, 1989.

GUILLÉN, Claudio, *Entre lo uno y lo diverso*, Barcelona, Crítica, 1985.

HUIDOBRO, Vicente, *Altazor. Temblor del cielo*, Madrid, Cátedra, 2005.

INGARDEN, Roman, *La obra de arte literaria*, Madrid, Taurus, 1998.

IRAVEDRA, Araceli, *La poesía de la experiencia*, Madrid, Visor, 2007.

ISER, Wolfgang, «El proceso de lectura: enfoque fenomenológico», en José Antonio Mayoral (comp.), *Estética de la recepción*, Madrid, Arco Libros, 1987a, pp. 215-245.

HERNÁNDEZ, Biviana, «Poéticas de la reescritura: Héctor Viel Temperley y Leónidas Lamborghini». 28 de julio de 2015. URL:http://www.scielo.org.co/scielo.php?script=sci_arttext&pid=S0121-85302015000200008 [03-06-2022].

JAUSS, Hans Robert, «La historia literaria como desafío a la ciencia literaria», en Ulrich Gumbrecht Hans, *La actual ciencia literaria alemana*, Madrid, Anaya, 1971, pp. 37-114.

JIMÉNEZ, Juan Ramón, *Diario de un poeta recién casado*, Madrid, Visor, 1995.

KATAN, Carlos, *América Especular*, 28 de julio 2024. URL:

https://www.youtube.com/watch?v=GCZcEbgKNsw&-t=157s [10-08-2024].

KOZER, José, *Del esparto la invariabilidad (antología 1983-2004)*, Madrid, Visor, 2005.

KRISTEVA, Julia, «Bakhtine, le mot, le dialogue et le roman», *Critique*, 239 (1967), pp.438-465.

LABRADOR, Germán, «Musa locura. Bioliteratura, política y psicoanálisis en la poesía de la Transición Española». 17 de enero de 2008. URL: https://laliteraturadelpobre.wordpress.com/2008/01/17/german-labrador-mendez/ [21-09-2024].

LAMARCA, María José, *Hipertexto. El nuevo concepto de documento en la cultura de la imagen.* 17 de enero de 2008. URL: http://www.hipertexto.info/ [12-06-2023].

LAMBORGHINI, Leónidas, *La canción de Buenos Aires. Responso para porteños, Tango-Blues*, Buenos Aires, Ediciones Ciudad, 1968.

— *Verme y 11 reescrituras de Discépolo*, Ciudad de México, Sudamericana, 1988.

— *Reescrituras*, Buenos Aires, Ediciones del Dock, 1996.

— *Carroña última forma*, Buenos Aires, Adriana Hidalgo Editora, 2001.

LANDA, Josu, «Poesía y retórica». 1 de junio de 2020. URL:

https://periodicodepoesia.unam.mx/texto/poesia-y-retorica/ [10-10-2022].

LAYNA, Francisco, «20 años de Medusario». Transtierros Blog, 10 Oct. 2017. https://transtierrosblog.wordpress.com/2017/10/10/20-anos-de-medusario-francisco-layna-ranz/ [18-05-2020].

LENORE, Víctor, «Sobre el apropiacionismo cultural». 1 de junio de 2020. URL: https://www.elespanol.com/el-cultural/opinion/dardos/20181207/apropiacionismo-cultural/358965562_0.html [18-04-2021].

MAILLARD, Chantal, *Matar a Platón*, Barcelona, Tusquets Editores, 2004.

MARTÍN, Rubén, *Sistemas inestables*, Madrid, Bartleby Editores, 2015.

MARTÍN GIJÓN, Mario, *Latidos y desplantes*. Madrid, Vitrubio Ediciones, 2011.

— *Rendición*, Madrid, Editorial Amargord, 2013.

MARTÍNEZ, Juan Luis, *El poeta anónimo*, São Paulo, Cosac Naify, 1985.

MARTÍNEZ FERNÁNDEZ, José Enrique, *La Intertextualidad Literaria*, Madrid, Cátedra, 2001.

MENDOZA FILLOLA, Antonio, «La educación literaria. Bases para la formación de la competencia lecto-literaria».

3 de febrero de 2008. URL: http://www.cervantesvirtual. com/obra/la-educacin-lite-raria---bases-para-la-forma-cin-de-la-competencia-lectoli-teraria-0/ [8-02-2021].

MILÁN, Eduardo, *Manto [poesía completa 1975-1997]*, Ciudad de México, Fondo de Cultura Económica, 1999.

— *Pulir huesos. 23 poetas latinoa-mericanos (1950-1965)*, Bar-celona, Galaxia Gutenberg, 2007.

MILÁN, Eduardo, SÁNCHEZ RO-BAYNA, Andrés, VALENTE, José Ángel y VARELA, Blanca, *Las ínsulas extrañas*, Madrid, Galaxia Gutenberg-Círculo de Lectores, 2002.

MILLÁN, Fernando, *Vanguardias y vanguardismos ante el siglo XXI*, Madrid, Ediciones Árdo-ra, 2021.

MOGA, Eduardo, «Tratado de entrañeza». 15 de abril de 2016. URL: http://eduar-domoga.blogspot.com. es/2014/06/tratado-de-en-traneza.html. [18-12-2018].

— «Con una lima rompían antes los límites de su encierro», *Cuadernos Hispa-noamericanos*, 801 (2017), pp. 158-161.

MORA, Vicente Luis, *Serie*, Va-lencia, Pre-Textos Editorial, 2015.

MURIEL, Felipe, *Hermetismo y vi-sualidad. La poesía gráfica de Eduardo Scala*, Madrid, Visor, 2001.

NAVAS OCAÑA, María Isabel, «Castellet, los novísimos y las vanguardias», *Estudios Huma-nísticos. Filología*, 26 (2004), pp. 307–318.

— «Encuentros y desencuen-tros: La crítica española y las vanguardias», *España contem-poránea: Revista de literatura y cultura*, 2 (2001), pp. 95-104.

NICOLÁS, César, *Estrategias y lec-turas. Las anamorfosis de Que-vedo*, Cáceres, Servicio de Pu-blicaciones de la Universidad de Extremadura, 1988.

— «Guillermo Carnero o la poe-sía como metaficción», *Claves de razón práctica*, 160 (2006). pp. 72-77.

NIETO, Lola, *alambres*, Barcelo-na, Kriller71, 2014.

— *Tuscumbia*, Madrid, Harpo, 2016.

— *Vozánica*, Madrid, Harpo, 2018.

— *Caracol*, Barcelona, RIL edi-tores, 2021.

ORTEGA, Antonio, y NÚÑEZ, Marco Antonio, *Poéticas del afuera*, Madrid, Dilema, 2025.

PÉREZ PAREJO, Ramón, *Meta-poesía y ficción: claves de una renovación poética (Generación de los 50-Novísimos)*, Madrid, Visor, 2007.

PANERO, Leopoldo María, *Teoría lautreamontiana del plagio*, San-tander, Editorial Límite, 1999.

— *Traducciones / Perversiones,* Madrid, Visor, 2011.

PINO, Francisco. *Antisalmos.* Madrid, Hiperión, 1978.

RIFFATERRE, Michael, «Compulsory reader response: the intertextual drive», en Michael Worton y Judith Still (eds.), *Intertextuality: Theories and Practices,* Manchester, Manchester University Press, 1991, pp. 56-78.

RUANO DE HAZA, José María, «Las dos versiones de *El mayor monstruo del mundo,* de Calderón», *Criticón,* 72 (1998), pp. 35-47.

SALGADO, María, «Escribir como 1», 21 de abril de 2007 URL: http://globorapido.blogspot.com.es/2007/04/escribir-como-1.html [13-02-2008].

— *31 poemas,* Málaga, Diputación Provincial de Málaga, 2010.

— *ready,* Madrid, Arrebato, 2012.

— *Hacía un ruido,* Segovia, La uña rota, 2016.

SÁNCHEZ TORRES, Leopoldo, *La poesía en el espejo del poema.*

La práctica de la metapoesía en la poesía española del siglo XX, Oviedo, Universidad de Oviedo, 1993.

SCHRAENEN, Guy, *Una tirada de libros,* Palma de Mallorca, Fundación Juan March, 2010.

SILES, Jaime, *Canon,* Madrid, Visor, 2013.

STANISLAVSKI, Constatin, *La construcción del personaje,* Madrid, Alianza Editorial, 2003.

VIEL TEMPERLEY, Héctor, *Hospital Británico,* Buenos Aires, Ediciones del Dock, 1997.

— *Obra completa,* Buenos Aires, Ediciones del Dock, 2003.

VILLENA, Luis Antonio de, *El hacha y la inteligencia: Un panorama de la Generación del 2000,* Madrid, Visor Libros, 2010.

TALENS, Jenaro, *Poética y poesía,* Madrid, Fundación March, 2013.

— *El sujeto vacío. Cultura y poesía en cultura babel,* Madrid, Cátedra, 2000.

ULLÁN, José Miguel, *Ondulaciones,* Madrid, Galaxia Gutenberg, 2008.

DEDICATORIA

Para quienes me odiaron, detestaron, maldijeron, renegaron, censuraron, cizañearon, mintieron, menospreciaron, ocultaron, desaprobaron o enemistaron. Para todos ellos este salto al azul, este vuelo en espiral hacia arriba, este ser uno mismo.